보험을 조각하다

보험을 조각하다

가입보다 중요한 건 '설계'가 아닌 '조각'이다.

저자소개

저자 **김우람**

2019.01 ~ 2019.12 동양생명
2019.12 ~ 2020.10 메리츠화재
2020.10 ~ 2022.11 프라임에셋
2022.11 ~ 2023.08 인카금융서비스
2022.12 유튜브 채널 '보험조각가' 시작
2023.08 ~ 2025.01 프라임에셋 본부장
2024.06 '보험조각가' 대표로 활동
2024 프라임에셋 연도대상 2관왕 수상자

저자(김우람 대표)는 보험업계에서 탁월한 성과를 이루어온 전문가로, 2019년 동양생명을 시작으로 메리츠화재, 프라임에셋, 인카금융서비스를 거쳐 현재는 프라임에셋 본부장으로 활동 중입니다. 2024년에는 프라임에셋 연도대상 2관왕이라는 영예를 안으며 업계 내 입지를 더욱 공고히 했습니다.

2022년 12월 15일에는 '보험조각가' 유튜브 채널을 개설해 2025년 5월 기준 현재 7만 5천여명 구독자수를 보유하고 있으며, 시대에 맞춘 보험 트렌드와 유익한 정보를 고객들에게 전달하고 있습니다. 김우람 대표는 고객과의 소통을 통해 신뢰를 쌓으며, 회사 내에서도 독보적인 입지를 확보한 혁신적인 리더로 평가받고 있습니다.

프롤로그

보험. 많은 사람들에게 이 단어는 어렵고 복잡하며, 때로는 부담스럽게 느껴지는 존재이다. 필요성은 알고 있지만, 막상 가입하려고 하면 망설여지기 마련이다. '지금 꼭 필요한 걸까?', '이 돈을 다른 데 쓰는 게 낫지 않을까?', '정말 나에게 맞는 상품일까?' 수많은 질문이 머릿속을 맴도는 상황은 낯설지 않다.

처음 보험업계에 발을 디딘 6년 전, 이 세계는 미로처럼 느껴졌다. 수많은 상품과 복잡한 약관, 그리고 제각기 다른 고객들의 필요 앞에서 길을 잃는 순간도 많았다. 그러나 시간이 지나며 한 가지 중요한 사실을 깨닫게 되었다. 보험은 하나의 큰 덩어리가 아니라, 각자의 삶에 맞게 조각낼 수 있는 예술작품이라는 점이다. 조각가가 대리석에서 불필요한 부분을 깎아내며 아름다운 형태를 찾아내듯, 보험도 자신에게 꼭 필요한 보장만을 선택해 설계할 수 있는 것이다.

이러한 관점에서 '보험 조각'이라는 개념이 탄생하게 되었다.
모두에게 똑같은 보험을 권하는 것이 아니라, 각자의 상황과 삶의 흐름에 맞는 보장을 골라 맞춤형으로 설계하는 방식이다. 예를 들어, 청년기에는 상해나 질병 보장을 중심으로, 결혼 후에는 가족을 위한 보장으로, 노후에는 간병이나 연금 보장으로 중점을 바꿔가며 인생의 단계마다 필요한 보장을 더하고 덜어내는 것이다. 이렇게 설계된 보험은 점차 한 사람의 삶에 꼭 맞는 작품으로 완성된다. 보험은 단순한 금융상품이 아니다. 시간이 흐를수록 그 가치를 발휘하는 하나의 자산이며, 때로는 예술작품처럼 다가온다. 오래된 그림이 시간이 지날수록 더 큰 가치를 지니는 것처럼, 잘 설계된 보험은 세월이 흐를수록 그 진가를 드러낸다. 이것이 바로 '보험 조각'이 지닌 깊이며, 아름다움이다.

보험조각가연구소는 단지 보험을 판매하는 곳이 아니다. 기존 보험을 분석하고, 불필요한 지출은 줄이며, 꼭 필요한 보장은 강화하고, 보험금 청구까지 돕는 종합적인 서비스를 제공하고 있다. 이는 마치 하나의 작품을 오랜 시간 동안 정성껏 보존하고 관리하는 큐레이터의 역할과도 같다.

이 책 『보험을 조각하다』는 지난 6년 동안 보험 현장에서 경험하고 깨달았던 모든 것을 담고 있다. 보험이라는 복잡하고 어려운 세계를 보다 쉽게 이해할 수 있도록 돕고, 무엇보다 자신에게 정말 필요한 보험이 무엇인지 스스로 판단할 수 있는 기준과 안목을 갖도록 안내하는 것이 이 책의 목적이다. 보험은 더 이상 부담스러운 지출이 아니다. 우리 삶을 지키는 소중한 안전망이자, 미래를 위한 든든한 자산이 될 수 있다. 이제 그 가능성을 함께 발견하는 여정이 시작된다.

바로 지금, 보험을 조각할 시간이다.

보험을 조각하다

저자 소개   005
프롤로그   006

차례

PART 1
보험, 기초부터 제대로 조각하다

잘못된 보험 가입 사례   014
너무 많이 가입한 사례
과소보장으로 피해 본 사례
보험 상품 선택하기
CI보험의 '중대한'의 이해
고지의무위반하면 보험금 부지급
보험 상품진화와 보장 확대로 재가입이 필요한 상품들

보험의 본질 이해하기   032
보험이란 무엇인가?
보험의 핵심 개념: 필요성, 종류, 본질
보험 계약의 이해와 구성 요소

보험금 청구 과정과 청구 절차

보험과 세금: 효율적인 재무 관리를 위한 이해

미래를 위한 체계적인 보험 및 재무 계획

보험 포트폴리오 관리하기

PART 2
생애주기별 보험 조각하기

20대: 사회 초년생을 위한 보험 설계 054
실손보험의 필요성

일상배상책임보험가입의 필요성

적정 진단비 설정하기

30대: 가족을 위한 보험 선택 061
필수 보험의 이해

암보험과 뇌혈관 질환 대비

40대: 안정적인 자산과 건강 관리 069
종신보험, 필요한 사람과 아닌 사람

유병자 보험의 등장

50대 이상: 노후와 의료비 대비   076
장기요양보험과 간병보험
은퇴 설계를 위한 연금보험

특수한 상황에서의 보험 설계   085
싱글을 위한 보험 전략
다자녀 가정을 위한 보험 전략
한부모 가정을 위한 보험 전략

PART 3
보험의 다양한 조각들

가장 많은 조회수 TOP 10   094
실손보험 갱신 시 보험료 폭등 해결법
실손보험료 폭등 대응 전략
암보험 가입 시 놓치면 안 되는 특약
운전자보험, 이것만 있으면 OK!
유병자도 가능한 보험, 꼭 알아야 할 점
초고령사회 돈 없어도 필수로 가입해야하는 보험, 연금보험
치매보험, 절대가입하지 마세요

뇌혈관질환 허혈심장질환 진단비 필요없다
종신보험이 과연 필요할까?
진짜 해지하면 안 되는 보험 4가지

보험 리모델링의 모든 것 126
중복 보장 줄이고, 공백 보장 채우기

특약 조각하기: 꼭 필요한 특약만 골라내기 130
질병후유장해 특약
운전자보험 주요 특약 및 활용
일상생활배상책임보험, 분리 가입이 유리한 이유
수술비 특약: 현대 의료비 보장의 핵심 조각
간병보험 조각하기: 현대 장기요양 시대의 필수 보장
입원일당특약으로 보험조각하기: 실질적인 보험혜택의 새로운 접근법

PART 1
보험, 기초부터 제대로 조각하다

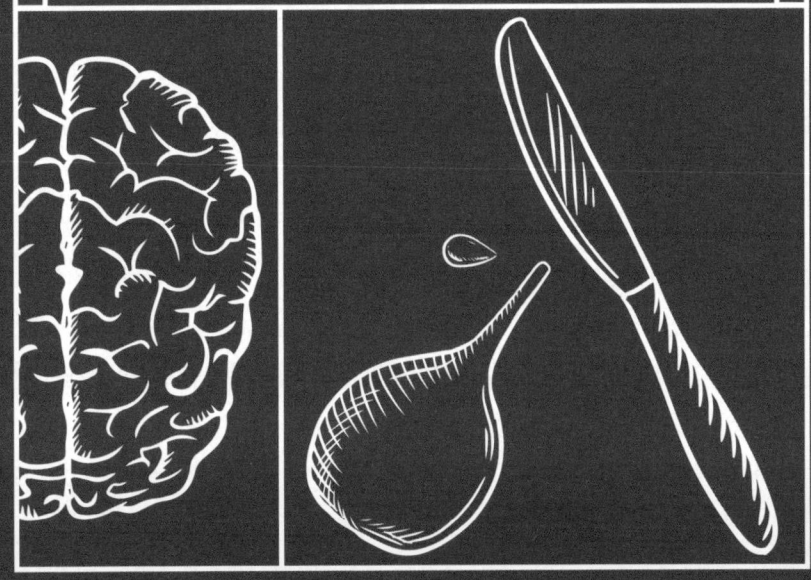
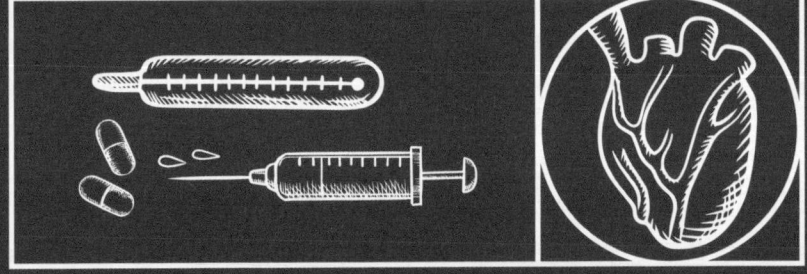

01 잘못된 보험가입 사례

 보험 가입은 개인의 재무 계획에서 매우 중요한 부분을 차지한다. 하지만 많은 사람들이 충동적이거나 잘못된 판단으로 보험을 가입하여 큰 재정적 손실을 겪게 된다. 이러한 실수들은 단순히 금전적인 문제를 넘어 개인과 가족의 재정적 안정성을 심각하게 위협할 수 있다.

 첫 번째로 자주 발생하는 실수는 과도한 보험 가입이다.
 일부 소비자들은 보험 설계사의 권유나 불안감에 휩싸여 실제 필요 이상의 보험에 가입한다. 예를 들어, 연봉 3천만 원의 직장인이 연간 보험료로 500만 원을 지출하는 경우가 있다. 이는 개인의 재정적 부담을 크게 증가시키며, 다른 중요한 재무 목표 달성을 방해할 수 있다.

 두 번째 사례는 부적절한 보장 범위 선택이다.
 많은 사람들이 보험 가입 시 세부적인 보장 내용을 제대로 확인하지 않는다. 실제로 한 사례에서는 의료 보험에 가입했지만, 정작 필요한 특정 질병이나 상황에 대해서는 보장되지 않아 큰 어려움을 겪었다. 보험 계약서의 세부 조항을 꼼꼼히 확인하지 않으면 이러한 위험에 노출될 수 있다.

 세 번째로 주목해야 할 잘못된 사례는 중복 가입이다.
 일부 사람들은 비슷한 종류의 보험을 여러 개 가입하여 불필요한 비용을 지출한다. 예를 들어, 같은 유형의 상해보험을 두 개의 다른 보험사에서 중복으로 가입하는 경우가 있다. 이는 보험료 낭비일 뿐만 아니라, 실제 보험금 청구 시 오히려 복잡한 절차를 초래할 수 있다. 또한 연령과 생활 환경에 맞지 않는 보험 선택도 흔한 실수이다. 젊은 독신 직장인이 노인을 위한 보험 상품에 가입하거나, 자녀가 없는 부부가 대가족을 위한 보험에 가입하는 경우가 이에 해당한다. 각자의 생활 주기와 상황에 맞는 맞춤형 보험 선택이 중요하다.

마지막으로 보험사의 신뢰성을 제대로 확인하지 않고 가입하는 실수도 빈번하다.
 저렴한 보험료만을 보고 가입했다가 나중에 보험사의 재정적 불안정이나 악의적인 보험금 지급 거부로 큰 손해를 본 사례들이 있다. 따라서 보험사의 신용 등급, 고객 서비스 평가, 보험금 지급률 등을 꼼꼼히 조사해야 한다.

이러한 잘못된 보험 가입 사례들은 단순한 실수가 아니라 심각한 재정적 위험을 초래할 수 있다. 보험은 위험에 대비하기 위한 중요한 금융 상품이지만, 맹목적인 가입은 오히려 재앙이 될 수 있다. 따라서 신중하고 체계적인 접근이 무엇보다 중요하다.

너무 많이 가입한 사례

 보험 가입에 있어 과도한 열정은 종종 심각한 재정적 부담을 초래할 수 있다. 많은 사람들이 불필요하게 광범위한 보험 상품에 과도하게 투자하면서 자신도 모르게 재정적 위험에 빠지곤 한다. 특히 젊은 직장인들 사이에서 이러한 경향이 두드러지게 나타난다.

 김지훈 씨의 사례는 전형적인 과도한 보험 가입의 대표적인 예다. 그는 25세 때 생명보험, 건강보험, 상해보험, 암보험, 연금보험 등 총 5개의 보험 상품에 가입했다. 매월 납입하는 보험료만 해도 50만 원을 넘어섰으며, 이는 그의 월 소득의 거의 40%에 달했다. 결과적으로 그는 생활비와 저축에 심각한 제약을 받게 되었고, 재정적 압박감에 시달렸다. 또 다른 사례로 박영미 씨는 자녀를 위해 과도한 교육보험에 가입했다. 그녀는 자녀의 미래를 위해 좋은 의도로 여러 개의 교육보험에 가입했지만, 실제로는 중복 보장으로 인해 매달 불필요한 보험료를 지불하고 있었다. 전문가들은 이러한 과도한 보험 가입이 오히려 재정적 비효율을 초래한다고 지적한다.

[과도한 보험 가입의 부작용]

보험료 증가 · 생활비 부족 · 저축 감소 · 재정 압박

과도한 보험 가입의 문제점은 단순히 경제적 부담에만 국한되지 않는다. 불필요한 보험 상품은 심리적 스트레스와 재정적 압박감을 동시에 유발한다. 많은 사람들이 '만약의 상황'에 대비하기 위해 과도하게 보험에 투자하지만, 실제로는 현재의 재정 건전성을 해치는 결과를 초래한다.

전문 재무 상담사들은 개인의 상황에 맞는 최적화된 보험 포트폴리오를 구성할 것을 조언한다. 즉, 개인의 연령, 소득 수준, 가족 구성, 직업 등을 종합적으로 고려하여 실제로 필요한 보장만을 선택해야 한다. 불필요한 중복 보장을 피하고, 실질적인 위험에 대비하는 것이 중요하다.

[효율적인 보험 가입을 위한 원칙]

- ✓ 자신의 실제 필요 보장 수준을 정확히 파악
- ✓ 전문가의 객관적 조언을 통해 최적의 상품 선택
- ✓ 기존 보험 상품을 정기적으로 점검하고, 불필요한 보장은 해지 또는 조정

효과적인 보험 가입을 위해서는 몇 가지 핵심적인 원칙을 지켜야 한다. 첫째, 자신의 실제 필요 보장 수준을 정확히 파악해야 한다. 둘째, 보험 상품을 선택할 때는 전문가와 상담하여 객관적인 조언을 들어야 한다. 셋째, 정기적으로 기존 보험 상품을 점검하고 불필요한 보험은 해지하거나 조정해야 한다.

결론적으로, 보험 가입은 단순한 안전망 확보가 아니라 전략적이고 신중한 접근이 필요하다. 과도한 보험 가입은 오히려 재정적 건강을 해칠 수 있으므로, 개인의 상황에 맞는 합리적이고 효율적인 보험 설계가 중요하다.

과소보장으로
피해 본 사례

현대 사회에서 보험은 개인의 재정적 안전망으로 중요한 역할을 한다. 그러나 많은 사람들이 과소보장의 위험성을 간과하고 있으며, 이로 인해 심각한 재정적 어려움을 겪게 된다.

김지훈 씨의 사례는 과소보장의 대표적인 예이다. 30대 중반의 그는 기본적인 실손보험만 가입했을 뿐, 중대한 질병이나 사고에 대비한 충분한 보장을 마련하지 않았다. 어느 날 갑작스러운 뇌졸중으로 장기 치료를 받게 되었고, 수천만 원에 달하는 의료비로 인해 개인 저축과 가족의 재산을 모두 소진해야 했다.

또 다른 사례로 박영희 씨를 들 수 있다. 그녀는 생명보험에 가입했지만, 실제 가족의 생활비를 고려하지 않고 매우 낮은 보장 금액을 선택했다. 남편의 갑작스러운 사고로 수입원을 잃게 되자, 남은 보험금으로는 자녀의 교육비와 생활비를 감당할 수 없었다. 이로 인해 그녀는 극심한 경제적 어려움에 직면하게 되었다.

과소보장의 위험성은 단순히 금전적 손실에만 국한되지 않는다. 정신적, 심리적 스트레스도 심각한 문제로 대두된다. 충분한 보장이 없는 상황에서 발생하는 예기치 못한 사고나 질병은 개인과 가족에게 극심한 불안과 좌절감을 안겨준다. 전문가들은 개인의 현재 생활 수준, 미래 계획, 부양가족 수 등을 종합적으로 고려하여 적절한 보장 수준을 결정해야 한다고 조언한다. 단순히 보험료를 줄이기 위해 보장 범위를 축소하는 것은 장기적으로 큰 위험을 초래할 수 있다.

[효율적인 보험 설계를 위한 핵심 요소]

항목	핵심 내용
위험성	금전 및 심리적 손실 발생
결정 요인	생활, 미래, 가족 고려
비용vs보장	보장 축소 시 장기 위험 존재
관리	정기 상담 및 재검토 필수
선택	전문가 조언으로 최적 상품 선택

효과적인 보험 설계를 위해서는 정기적인 재무 상담과 보험 포트폴리오 점검이 필수적이다. 개인의 생애주기와 환경 변화에 따라 보험 보장 범위를 지속적으로 조정해야 한다. 특히 결혼, 출산, 경력 변화 등 중요한 인생의 전환점에서는 보험상품을 면밀히 재검토해야 한다.

결론적으로, 과소보장은 개인과 가족의 재정적 안정성을 심각하게 위협하는 요인이다. 충분하고 적절한 보험 보장은 단순한 선택이 아니라 필수적인 재무전략이다. 미래의 불확실성에 대비하기 위해서는 전문가와 상담하고, 자신의 상황에 맞는 최적의 보험상품을 선택해야 한다.

보험 상품 선택하기

보험 상품을 선택하는 것은 단순한 구매 행위를 넘어 자신과 가족의 미래를 보호하는 중요한 의사결정이다. 현대 사회에서 수많은 보험 상품이 존재하기 때문에 적절한 선택은 쉽지 않다. 체계적이고 전략적인 접근이 필요한 이유다. 먼저 자신의 현재 재정 상황을 정확하게 분석해야 한다. 월 소득, 지출 구조, 가족 구성원의 특성, 미래 계획 등을 종합적으로 고려해야 한다. 예를 들어 신혼부부와 은퇴 직전 부부의 보험 상품 선택은 완전히 다른 접근법이 필요하다. 현재의 재정적 여건과 미래 계획을 면밀히 검토하는 것이 첫 번째 단계다. 보험 상품을 선택할 때는 자신의 위험 요소를 정확하게 파악해야 한다.

 개인의 건강 상태, 직업, 생활 방식 등은 보험 상품 선택에 결정적인 영향을 미친다. 예를 들어 고위험 직업을 가진 사람은 더 포괄적인 상해보험이 필요할 것이고, 만성질환이 있는 사람은 의료보험에 더 신중해야 한다. 상품 비교는 매우 중요한 과정이다. 단순히 보험료의 크기만 비교할 것이 아니라 보장 범위, 면책 조건, 보험금 지급 조건 등을 꼼꼼히 확인해야 한다.

 보험사의 신뢰도와 지급 능력도 중요한 고려 요소다. 최근 몇 년간의 보험금 지급률, 고객 만족도, 재무 건전성 등을 종합적으로 평가해야 한다. 가입 전 전문가와 상담하는 것도 좋은 방법이다. 재무설계사나 보험 컨설턴트는 개인의 상황에 맞는 맞춤형 조언을 제공할 수 있다. 그들은 복잡한 보험 상품의 세부 조건을 상세히 설명해줄 수 있으며, 잠재적인 위험과 보장 범위를 명확히 이해하는 데 도움을 줄 수 있다.

 보험 상품 선택은 일회성 결정이 아니다.

 주기적으로 자신의 보험 포트폴리오를 점검하고 필요에 따라 조정해야 한다. 결혼, 출산, 직업 변경, 자산 변화 등 인생의 중요한 변화 시점마다 보험 상품을 재검토 해야 한다. 중요한 것은 과보험이나 과소보험을 피하는 것이다. 지나 치게 많은 보험에 가입하면 불필요한 비용 낭비가 되고, 반대로 보장이 부족하면 위험에 노출될 수 있다. 균형 잡힌 접근이 핵심이다.

CI보험의 '중대한'의 이해

CI보험(치명적 질병보험)은 종신보험에 '중대한 질병'이나 '중대한 수술' 발생 시 사망보험금의 일부를 미리 지급하는 상품이다.

이 보험은 심각한 질병 발생 시 경제적 지원을 목적으로 설계되었으나, 실제 운영과정에서 여러 문제점들이 드러나고 있어 소비자들의 주의가 필요하다.

CI보험은 본래 중대한 질병으로 인한 치료비와 생활비를 지원하기 위해 만들어진 상품이다. 일반 건강보험과 달리 특정 질병이 '중대한' 상태로 진행되었을 때 보험금을 일시금으로 받을 수 있어 경제적 부담을 줄이는 데 도움을 주는 것이 주목적이다. 주로 암, 뇌졸중, 심근경색 등 현대인에게 발병률이 높은 질병을 대상으로 하며, 이러한 질병이 약관에서 정한 심각한 상태에 이르렀을 때 보장받을 수 있다.

보험료는 일반 종신보험이나 건강보험보다 비싸게 책정되어 있다. 이는 중대 질병 발생 시 고액의 보험금을 지급하는 구조 때문인데, 문제는 이 '고액'의 보험금을 실제로 받기가 매우 어렵다는 점이다.

[CI보험의 구조]

- **기본계약** ············· 종신보험 (사망보장)
- **특약** ················ CI특약 (중대한 질병 시 일부 사망보험금 선지급)
- **보장 조건** ············ 약관 기준 '중대한 질병' 상태 시 지급
- **보험금 지급 시점** ······ 중대한 상태로 확진 + 약관 기준 충족 → 보험금 일부 선지급
- **남은 보장** ············ 이후 사망 시 잔여 사망보험금 지급

모호한 '중대한 질병'의 정의

CI보험 관련 민원의 가장 큰 원인은 '중대한'이라는 단어의 해석 차이에 있다. 소비자는 일반적으로 의사가 해당 질병을 진단했다는 사실만으로도 보험금을 받을 수 있다고 기대하지만, 실제 약관에서는 훨씬 더 심각한 상태를 요구한다. 예를 들어, 단순 뇌경색 진단이 아닌 '영구적인 신경학적 결손을 동반한 뇌경색'이나, 초기 유방암이 아닌 '전이가 확인된 유방암' 또는 '25% 이상의 장해를 남긴 유방암' 등으로 조건이 매우 구체적이고 까다롭다.

각 보험사마다 이 '중대한' 상태에 대한 정의가 다르고, 대부분 말기 상태나 영구적 장해가 남는 경우에 한정되어 있어 실제 보험금 수령 가능성은 크게 낮아진다.

[중대한 질병 정의]

중대한 암
- 진행성이며, 주위 조직으로 전이, 침윤되는 특징을 가진 악성신생물

중대한 뇌졸중
- 뇌혈액순환의 장애로 영구적인 신경학적 결손과 장해율 25%를 동반하는 뇌졸중

중대한 급성심근경색
- 관상동맥폐색으로 흉통, 심전도 변화, 심근 효소 변화가 나타나는 질환

CI보험은 판매시 종신보험 형태로 수수료가 높은 상품이다. 그래서 일부 보험설계사들이 한때 해당 상품을 사망보장 뿐만 아니라 건강보험 역할도 하는 것으로 포장해서 안내 하면서 판매한적이 있다. 해당 내용이 틀린 것은 아니지만 제대로 설명하지 않고 판매한 불완전판매가 문제이다. 많은 소비자들이 가입 당시 설계사로부터 '중대한' 조건에 대

한 충분한 설명을 듣지 못한 채 가입한다. 설계사들은 종종 단순히 "암에 걸리면 보험금을 받을 수 있다"는 식으로 설명하여 소비자가 모든 암 진단에 보험금이 지급된다고 오해하게 만든다. 실제로는 암의 중증도와 진행 상태에 따라 보험금 지급 여부가 결정되는데, 이러한 중요 정보가 제대로 전달되지 않는 경우가 많다.

앞서 이야기 한 대로 CI보험의 보험료는 일반 건강보험보다 상당히 높은 편이다. 그러나 실제 보험금을 받을 수 있는 확률은 매우 낮아 소비자들이 '비싼 돈을 내고 혜택은 받지 못한다'는 불만을 제기한다. 특히 의학 기술의 발달로 초기에 질병을 발견하고 치료하는 경우가 많아졌는데, 이런 경우 '중대한' 상태로 진행되기 전에 치료되어 보험금을 받지 못하는 모순적인 상황이 발생한다.

금융감독원은 CI보험 약관의 복잡성과 소비자 이해 부족으로 인한 민원 발생을 지속적으로 지적해왔다.

가입 전 약관을 꼼꼼히 확인하고 '중대한 질병'의 정의와 보장 범위를 반드시 숙지할 것을 권고하고 있으며, 보험사들에게는 약관 내용을 소비자가 이해하기 쉽게 개선할 것을 요구하고 있다.

소비자 단체들은 CI보험의 보상기준이 현실과 동떨어져 있다고 비판한다. 중대질병 진단을 받아도 보험금을 받지 못하는 사례가 너무 많으며, 약관의 투명성과 접근성을 높여야 한다고 주장한다. 일부 단체는 소비자들에게 CI보험 가입에 신중할 것을 권고하는 소비자 주의보를 발령하기도 했다.

CI보험은 중대 질병 발생 시 경제적 지원을 받을 수 있는 유용한 상품이 될 수 있지만, 약관의 '중대한' 조건이 까다로워 보험금 지급이 어렵고 이로 인한 민원이 지속적으로 발생하고 있다. 소비자는 반드시 약관을 꼼꼼히 확인하고, 보장 범위와 조건을 충분히 이해한 뒤 보험가입 또는 보험금청구를 진행해야 한다.

고지의무위반하면 보험금 부지급

 계약한 보험상품이 고지의무 위반한 상품이라면 사실 해당 보험내용은 무용지물인 경우가 많다. 보험계약에서 고지의무는 보험계약자가 보험에 가입할 때 자신의 건강상태, 병력, 직업 등 보험사가 위험을 평가하는 데 필요한 중요한 사실을 사실대로 알릴 의무를 말한다.
 이는 상법 제651조에 명시된 법적 의무로, 보험계약의 선의성과 공정성을 확보하기 위한 핵심 장치이다. 보험사는 청약서에 구체적으로 질문한 사항을 중심으로 고지의무 이행 여부를 판단하며, 이는 보험계약의 기본 원칙으로 작용한다.
 고지의무 위반에 따른 보험사의 계약 해지 가능 기간은 상법에 명확히 규정되어 있다. 보험계약자가 고의 또는 중대한 과실로 중요한 사실을 알리지 않거나 사실과 다르게 고지한 경우, 보험사는 그 사실을 안 날로부터 1개월 이내, 계약 체결일로부터 3년 이내에 계약을 해지할 수 있다. 여기서 주목할 점은 '1개월'과 '3년'이라는 두 가지 기간 제한이다. 보험사는 고지의무 위반 사실을 알게 된 시점으로부터 1개월 이내에 해지 의사를 표시해야 하며, 계약 체결일로부터 3년이 경과하면 고지의무 위반을 이유로 계약을 해지할 수 없다.
 일부 보험사들은 약관에 '5년' 기간을 명시하는 경우도 있으나, 상법상 규정된 3년이 우선 적용된다. 이는 보험계약자의 권익을 보호하고 법적 안정성을 확보하기 위한 조치이다.

고지의무 위반 사례

사례 1: 고혈압 병력 미고지와 뇌출혈

김씨(54세)는 2018년 1월 종합보험에 가입하면서 3년 전부터 고혈압 약을 복용해 온 사실을 고지하지 않았다. 2020년 5월, 김씨는 뇌출혈로 입원 치료를 받고 보험금을 청구했다. 보험사는 심사 과정에서 김씨의 고혈압 병력을 발견하고, 고지의무 위반을 이유로 계약을 해지하고 보험금 지급을 거절했다. 법원은 고혈압과 뇌출혈 사이에 인과관계가 있다고 판단하여 보험사의 보험금 부지급 결정이 타당하다고 판결했다.

이 사례는 고지의무 위반과 보험사고 사이에 인과관계가 존재하는 경우, 보험금 지급이 거절될 수 있음을 보여준다. 고혈압은 뇌출혈의 주요 위험 요인으로, 보험사가 이를 알았다면 인수 거절이나 할증 보험료를 적용했을 가능성이 높다.

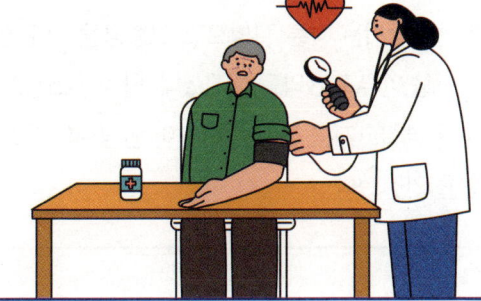

사례 2: 요추 디스크 병력 미고지와 교통사고

이씨(45세)는 2017년 3월 상해보험에 가입하면서 과거 요추 디스크 진단 및 치료 이력을 고지하지 않았다. 2019년 8월, 이씨는 교통사고로 상해를 입고 보험금을 청구했다. 보험사는 이씨의 과거 디스크 병력을 발견하고 계약을 해지했으나, 이씨는 이에 불복하여 금융감독원에 분쟁조정을 신청했다. 금감원은 과거 디스크 병력과 교통사고 상해 사이에 인과관계가 없다고 판단하여 보험금을 지급하라고 결정했다.

이 사례는, 고지의무 위반 사실과 보험금 청구 사유 사이에 인과관계가 없는 경우 보험금이 지급될 수 있음을 보여준다. 상법 제655조는 고지의무 위반 사실과 보험사고 발생 사이에 인과관계가 없으면 보험사는 보험금 지급 책임을 면할 수 없다고 규정하고 있다.

사례 3: 설계사 권유에 의한 부실고지

박씨(38세)는 2016년 9월 생명보험에 가입하면서, 담당 설계사의 권유로 과거 갑상선 기능 저하증 진단 사실을 청약서에 기재하지 않았다. 설계사는 "경미한 질환이라 써넣지 않아도 된다"고 조언했다. 2019년 12월, 박씨는 다른 질병으로 보험금을 청구했고, 보험사는 고지의무 위반을 이유로 계약을 해지했다. 박씨는 소송을 제기했고, 법원은 설계사가 부실고지를 권유한 사실이 인정된다며 보험사의 보험금 지급 책임을 인정했다.

> 이 사례는 상법 제653조에 따라 보험자의 대리인(설계사)이 고지의무 위반을 권유하거나 방해한 경우, 보험사가 계약 해지권을 행사할 수 없음을 보여준다. 이는 보험계약자의 선의를 보호하고, 설계사의 부당한 권유로 인한 피해를 방지하기 위한 규정이다.

최근 5년간 고지의무 위반으로 인한 보험금 부지급 사례가 3배 이상 증가했다. 이러한 증가 추세의 주요 원인은 다음과 같다: 설계사에게만 구두로 고지하고 청약서에는 기재하지 않는 경우, 고지의무 범위에 대한 안내를 제대로 받지 못하는 경우, 청약서 작성 시 중요성을 인식하지 못하고 부주의하게 작성하는 경우, 보험 가입을 위해 의도적으로 병력을 숨기는 경우가 있다.

특히 문제가 되는 것은, 일부 설계사들이 계약 성사를 위해 계약자에게 병력을 숨기도록 유도하는 경우이다. 어떤 경우라도 고지의무 위반 시 해당 피해는 보험가입자가 고스란히 책임져야 한다. 고지의무 위반한 보험상품은 보장받기 힘들다고 보면 된다.

최근 병력이 있어도 유병자보험 등 다양한 보험 상품이 출시되고 있어 고지의무를 위반한 상품은 보험전문가와 상담 후 다른 상품으로 전환하는 등 솔루션을 받는 것이 유리 할 수 있다.

보험 상품진화와 보장 확대로 재가입이 필요한 상품들

보험 상품은 법과 제도의 변화, 의료기술의 발전, 사회적 요구의 변화에 따라 지속적으로 진화해왔다. 과거에 가입한 보험 상품이 잘못된 것은 아니지만, 시간이 흐름에 따라 보장 범위와 한도가 크게 확대되어 보장의 격차가 발생하는 것이 현실이다. 이러한 보험 상품의 변천사를 이해하고 적절한 대응 전략을 수립하는 것이 필요하다.

운전자보험의 진화

운전자보험은 2009년 이후 지속적으로 보장 범위와 한도가 확대되어 왔다. 초기에는 형사합의금 중심의 단순한 구조였으나, 2014년 이후 교통사고처리지원금의 보상한도가 3천만 원에서 7천만 원으로 상향되었고, 2019년 이후에는 2억 원까지 대폭 증액되었다. 또한 변호사선임비 한도도 5천만~7천만 원으로 상향되었으며, 공탁금 선지급, 6주 미만 부상에 대한 보장, 전동킥보드 등 PM 운행 관련 보장까지 새롭게 추가되었다.

2024년 이후에는 비탑승 중 사고나 통합형 보장 등 보장 범위가 더욱 확대된 신상품이 출시되고 있다. 이처럼 최근의 운전자보험은 과거 상품과 비교할 때 보장 범위와 한도 측면에서 현저한 차이를 보이고 있으므로, 과거에 가입한 보험으로는 충분한 보호를 받기 어려울 수 있다.

암보험의 발전

암보험은 1980~1990년대 초기에는 암 사망이나 수술, 입원 위주의 단순한 보장 구조였으며 암 진단금 개념조차 없었다. 1990년대 후반부터 암 진단금이 도입되었으나 보장기간이 80세까지로 제한적이었고 가입연령도 60세까지로 제한되었다.

2010년대 이후에는 보장기간이 100세 또는 종신으로 연장되었고, 가입연령도 75세까지 확대되었다. 재진단암 보장, 암 단계별 차등 지급, 고액암과 소액암에 대한 특화된 보장 등 다양한 옵션이 추가되었다. 최근에는 표적항암치료, 간병비 등의 특약이 추가되고, 최초 진단뿐 아니라 재진단 및 전이암까지 반복적으로 보장하는 상품이 등장하였다. 또한 암 치료에 필요한 주요 치료비를 포괄적으로 보장하고, 장기간의 치료와 신의료기술을 지원하는 방향으로 발전하고 있다.

2대질환(뇌·심장) 보험의 확대

2대질환 보험은 초기에는 뇌출혈이나 급성심근경색 등 중증 질환에 대한 진단금만 지급하는 제한적인 구조였다. 그러나 최근에는 뇌경색이나 허혈성심장질환 등 경증 질환까지 보장 범위가 확대되었고, 진단금뿐만 아니라 수술비, 입원비 등 다양한 특약이 신설되었다. 또한 재진단 보장 및 반복 지급 상품이 출시되어 지속적인 치료와 관리를 지원하는 방향으로 발전하고 있다. 최근에는 2대질환 주요 치료비를 포괄적으로 보장하고, 장기간의 치료와 신의료기술에 대한 보장을 강화하는 추세이다.

과거에 가입한 보험이 잘못된 것은 아니지만, 시대의 흐름에 따라 보장 범위와 한도가 크게 확장된 현재의 보험 상품과는 상당한 차이가 있다. 이러한 보장의 격차를 해소하기 위해서는 기존 보험의 보장 내용을 철저히 분석하고, 부족한 부분을 새로운 보험 가입이나 추가 가입을 통해 보완하는 전략이 필요하다.

운전자보험의 경우, 교통사고처리지원금과 변호사선임비 한도가 대폭 상향되었으므로 보장 한도가 낮은 기존 보험을 유지하면서 추가로 가입하는 것이 좋다. 암보험은 재진단암 보장이나 표적항암치료 등 최신 치료 기법에 대한 보장이 추가된 상품을 검토할 필요가 있다. 2대질환 보험은 경증질환 보장이나 재진단 보장 등이 추가된 상품을 고려하는 것이 바람직하다.

보험 상품은 시대의 변화에 따라 지속적으로 진화하고 있으므로, 이전에 가입한 보험만으로는 현재의 위험에 충분히 대비하기 어려울 수 있다. 따라서 정기적으로 자신의 보험 보장 상태를 점검하고, 필요한 경우 새로운 보험에 가입하거나 기존 보험에 특약을 추가하여 보장 한도를 확대하는 것이 현명한 전략이다. 이를 통해 보다 안정적이고 포괄적인 보험 보장을 확보할 수 있을 것이다.

[보험상품 진화 흐름도]

1980~1990년대
- ✓ **암보험**: 암 사망/입원/수술만 보장
- ✓ **2대질환**: 뇌출혈·급성심근경색 위주 진단금

2000~2010년대 초
- ✓ **암보험**: 진단금 개념 도입, 80세 만기 중심
- ✓ **운전자보험**: 형사합의금 중심, 보장 한도 낮음

2010~2020년대
- ✓ **암보험**: 보장기간 100세↑, 재진단·표적항암치료 특약 추가
- ✓ **2대질환보험**: 경증 질환(뇌경색 등) 포함, 수술비/입원비 보장
- ✓ **운전자보험**: 교통사고처리지원금 7천만 원, 변호사비 5천만 원 확대

2020년대 후반 ~ 현재

- ✓ **암보험**: 암치료보장 확대, 전이 재발암등 통합암보험출시
- ✓ **2대질환보험**: 2대질환치료보장확대
- ✓ **운전자보험**: 공탁금선지급확대, 비탑승중사고보장

02 보험의 본질 이해하기

보험이란 무엇인가?

 인류의 역사는 불확실성과 위험을 극복하려는 끊임없는 노력의 연속이었다. 이러한 노력의 결과물 중 하나가 바로 보험이라고 할 수 있다. 보험은 단순한 금융상품을 넘어서 우리 사회의 안전장치이자 미래에 대한 대비책으로 발전해왔다. 보험의 기원은 매우 오래되었다. 가장 초기의 보험 형태는 고대 바빌로니아 상인들이 해상 무역 시 위험을 분산시키기 위해 만든 상호부조 시스템에서 찾아볼 수 있다.

 상인들은 각자 위험 분담금을 내어 만약 한 상인의 배가 파선되거나 화물을 잃게 되면 공동의 자금에서 보상받을 수 있었다. 이는 현대 보험의 가장 기본적인 원리와 매우 유사한 형태였다. 중세 유럽에서는 길드 시스템을 통해 보험의 개념이 더욱 발전했다. 각 직업군의 길드는 회원들에게 질병, 사고, 사망 시 재정적 지원을 제공했다. 이러한 상호부조 시스템은 현대 사회보험의 중요한 토대가 되었다. 특히 17세기 런던에서 로이즈 커피하우스를 중심으로 해상보험이 체계화되면서 근대적 보험 개념이 형성되기 시작했다.

 보험의 본질적 의미는 불확실한 미래의 위험을 집단적으로 분산시키는 것이다. 개인이 혼자 감당하기 힘든 큰 경제적 위험을 많은 사람들이 함께 나누어 부담함으로써 개인의 경제적 충격을 완화하는 메커니즘이다.

이는 단순한 금융상품을 넘어 사회적 안전망의 역할을 수행한다. 현대 보험 시스템은 매우 복잡하고 정교하게 발전했다. 생명보험, 건강보험, 자동차보험, 화재보험 등 다양한 분야에서 세분화된 보험 상품들이 개발되었다. 각각의 보험 상품은 특정 위험에 대응하기 위해 설계되었으며, 과학적인 통계와 데이터 분석을 기반으로 리스크를 예측하고 관리한다.

[보험의 위험 분산 구조]

보험의 핵심 원리는 위험의 분산과 대비에 있다. 많은 사람들이 작은 금액의 보험료를 납부하면, 그 중 일부에게 발생하는 큰 손실을 함께 보전해주는 시스템이다. 이를 통해 개인과 사회는 예측할 수 없는 위험으로부터 재정적 안정을 확보할 수 있다. 보험은 단순한 상품이 아니라 현대 사회의 필수적인 위험 관리 수단인 것이다.

보험의 핵심 개념:
필요성, 종류, 본질

1. 보험의 필요성

현대 사회에서 재정적 불확실성은 언제나 우리 곁에 존재한다. 누구도 미래에 무슨 일이 일어날지 정확히 예측할 수 없기 때문에, 보험은 개인과 가족을 보호하는 중요한 안전망 역할을 한다. 예상치 못한 사고, 질병, 또는 기타 위험 상황에서 재정적 충격을 최소화하는 것이 보험의 핵심 기능이다. 인간의 삶은 본질적으로 불확실성으로 가득 차 있다. 언제 어디서 어떤 사고나 질병이 발생할지 모르는 상황에서, 보험은 개인에게 심리적 안정감을 제공한다. 만약 갑작스러운 사고로 수입원을 잃거나 고액의 의료비가 발생한다면, 보험은 개인과 가족을 경제적 파멸로부터 보호 할 수 있는 유일한 수단이 될 수 있다.

특히 현대 사회의 복잡한 경제 구조에서는 개인의 재정적 위험이 더욱 커지고 있다. 의료비 상승, 예기치 못한 실업, 자연재해 등 다양한 위험 요소들이 개인의 경제적 안정성을 위협하고 있다. 보험은 이러한 위험을 분산시키고 개인이 감당하기 어려운 재정적 부담을 사회적으로 분담하는 메커니즘을 제공한다. 보험의 필요성은 단순히 경제적 보호를 넘어 더 넓은 의미를 가진다. 가족의 미래를 보장하고, 예상치 못한 상황에서도 최소한의 생활 수준을 유지할 수 있게 해주는 것이다.
 예를 들어, 가장이 갑작스럽게 사고를 당하거나 장기간 질병으로 일을 하지 못하게 된다면, 보험은 가족의 생계를 지키는 마지막 보루가 될 수 있다. 또한 보험은 개인의 위험 관리 전략에서 중요한 부분을 차지한다. 체계적인 위험 관리를 통해 예기치 못한 상황에 대비할 수 있으며, 이는 장기적인 재정 계획의 핵심 요소이기도 하다.

젊은 시절부터 적절한 보험에 가입함으로써 미래의 불확실성에 대비할 수 있고, 노후의 재정적 안정성을 높일 수 있다. 결론적으로, 보험은 현대인에게 필수적인 재정적 안전망이다.

[연령대별 적절한 보험 유형]

연령대	주요 고려 보험
20~30대	건강보험, 실손보험, 상해보험
40~50대	생명보험, 암보험, 자녀 교육보험
60대 이후	연금보험, 치매, 간병보험

개인과 가족을 보호하고, 예상치 못한 위험으로부터 경제적 안정성을 지키는 중요한 수단이다. 따라서 자신과 가족의 미래를 위해 신중하고 체계적인 보험 설계는 매우 중요하다.

2. 보험의 종류

보험은 현대 사회에서 개인과 기업의 위험을 관리하는 중요한 재무 도구로 자리 잡았다. 크게 인보험과 손해보험으로 나눌 수 있으며, 각각의 영역은 매우 다양하고 복잡한 특성을 가지고 있다.

인보험은 개인의 생명과 건강을 보장하는 보험 영역이다. 대표적으로 생명보험과 건강보험이 있다. 생명보험은 사망 시 보험금을 지급하는 기본적인 상품으로, 유족들의 경제적 안정을 보장한다. 건강보험은 질병이나 상해로 인한 의료비를 보상하며, 개인의 치료와 회복에 필요한 재정적 지원을 제공한다.

손해보험은 재산이나 특정 위험으로 인한 경제적 손실을 보상하는 보험이다. 자동차보험은 교통사고로 인한 차량 손상과 대인, 대물 배상을 담당한다. 화재보험은 건물과 그 내부 재산의 화재 피해를 보상하며, 상해보험은 사고로 인한 신체적 손해를 보전해준다.

연금보험은 노후 생활을 대비하는 중요한 금융 상품이다. 정기적으로 납입한 보험료를 통해 은퇴 후 안정적인 수입을 보장받을 수 있다. 이는 개인의 노후 설계에 있어 필수적인 재무 전략 중 하나로 자리 잡고 있다.

여행자보험도 중요한 보험 종류 중 하나다. 해외 여행 중 발생할 수 있는 의료비, 배상책임, 여행 취소 등의 위험을 보장한다. 최근에는 팬데믹 상황에서 더욱 그 중요성이 부각되었다.

특수한 형태의 보험으로는 전문직 배상책임보험, 드론보험, 사이버 보험 등 새로운 형태의 보험 상품들이 계속해서 등장하고 있다. 기술의 발전과 사회의 변화에 따라 보험의 영역도 점점 더 세분화되고 전문화되고 있다. 보험 선택에 있어 가장 중요한 것은 개인이나 기업의 특정 위험과 상황에 맞는 적절한 보험을 선택하는 것이다. 단순히 보험료의 크기나 브랜드만으로 판단할 것이 아니라, 실제 필요한 보장 범위와 조건을 꼼꼼히 확인해야 한다.

3.보험의 본질

보험은 현대 사회에서 개인과 가족의 재정적 안전을 보장하는 중요한 금융 도구로 자리 잡았다. 이는 단순한 재정적 보호 장치를 넘어 복잡한 사회 시스템의 핵심 메커니즘으로 작용한다. 보험의 본질을 깊이 이해하기 위해서는 그 근본적인 작동 원리와 사회적 기능을 파악해야 한다.

첫째, 보험의 가장 기본적인 원리는 위험 분산이다.

많은 사람들이 보험료를 공동으로 모아 특정 개인에게 발생할 수 있는 큰 재정적 손실을 집단적으로 흡수하는 메커니즘이다. 예를 들어, 화재보험의 경우 수천 명의 가입자들이 납부한 보험료가 불행히도 화재로 피해를 입은 일부 가입자들의 손실을 보상하는 구조를 가진다. 이는 개인이 감당하기 어려운 대규모 재정적 위험을 효과적으로 분산시키는 방법이다.

둘째, 보험은 사회적 안전망의 중요한 축을 담당한다.

개인에게 예측 할 수 없는 위험으로부터 보호막을 제공하며, 사회 전체의 경제적 안정성을 높이는 역할을 한다. 질병, 사고, 사망과 같은 위험 상황에서 개인과 가족이 재정적 붕괴를 겪지 않도록 지원한다. 이는 단순한 금융 상품을 넘어 사회 구성원들의 삶의 질을 보장하는 중요한 사회보장 시스템의 일부라고 볼 수 있다. 보험의 세 가지 핵심 기능을 좀 더 자세히 살펴보면 다음과 같다.

[보험의 핵심 기능 3가지]

보장
예상치 못한 사고나 질병
발생 시 재정적 지원

안정
개인과 가족의 경제적 불안을
덜고 심리적 안정 제공

미래 대비
장기적인 재정 계획을
가능하게 함

  첫째, 보장 기능으로 예상치 못한 위험에 대비해 재정적 지원을 제공한다. 둘째, 안정 기능으로 개인과 가족에게 심리적 안정감을 제공한다. 셋째, 미래 대비 기능으로 장기적인 재정 계획을 수립할 수 있게 돕는다. 보험의 원리는 확률과 통계에 기반을 둔다. 보험사는 방대한 데이터를 분석하여 특정 위험의 발생 가능성을 계산하고, 이를 바탕으로 보험료를 책정한다. 이는 매우 정교한 수학적, 통계적 모델을 통해 이루어지며, 개별 가입자의 위험도를 정확하게 평가하는 과정이다.

  그러나 보험은 만능이 아니다. 개인의 상황과 필요에 맞는 적절한 보험선택이 중요하다. 과도한 보험 가입은 불필요한 비용 지출을 초래할 수 있으며, 반대로 부족한 보장은 위험 발생 시 심각한 재정적 어려움을 야기할 수 있다. 따라서 자신의 상황을 정확히 파악하고 균형 잡힌 보험 설계가 필수적이다. 결론적으로, 보험은 단순한 금융 상품이 아니라 현대 사회의 복잡한 위험 관리 시스템이다. 개인과 사회의 안정성을 동시에 추구하는 중요한 메커니즘으로 이해해야 한다.

보험 계약의 이해와 구성 요소

보험 계약은 개인과 보험회사 사이의 법적 약속으로, 단순한 거래를 넘어 미래의 재정적 안전망을 구축하는 중요한 결정이다. 계약자는 보험료를 납부하고, 보험회사는 특정한 사고가 발생했을 때 약속된 보상을 지급할 의무를 가진다. 이 과정에서 계약의 세부 내용을 정확히 이해하는 것이 필수적이며, 보장 범위, 보험료, 보험금 지급 조건, 면책 사항 등을 철저히 검토해야 한다.

보험 계약을 체결할 때 가장 중요한 요소 중 하나는 정확한 정보 제공이다. 가입자가 자신의 위험을 과장하거나 축소하면 향후 보험금 청구 시 분쟁이 발생할 가능성이 높아진다. 따라서 보험 계약을 맺을 때는 자신의 재정 상태와 위험 요소를 신중하게 분석하고, 모든 정보를 사실대로 제공해야 한다. 또한, 계약서에 포함된 전문 용어나 복잡한 조항이 이해되지 않는다면 반드시 보험 전문가나 설계사의 설명을 듣고 충분히 숙지한 후 서명해야 한다. 보험 계약의 핵심 구성요소는 다음과 같다.

[보험 계약의 핵심 요소]

핵심 요소	설명
계약 당사자	보험계약자(보험료 납부), 보험사(보장 제공), 피보험자(보장 대상)
보험금액 & 보험료	보장 한도와 이에 대한 대가로 납부하는 금액
보장범위 & 보험기간	어떤 위험이 보장되며, 계약이 유효한 기간
면책사항 & 해지조건	보장되지 않는 상황과 계약 종료 조건
고지의무 & 통지의무	계약자가 보험사에 제공해야 하는 정보

첫째, 계약 당사자는 보험계약자(보험료를 납부하는 사람), 보험회사(보장을 제공하는 기관), 그리고 피보험자(실제로 보장을 받는 대상)로 구분된다. 둘째, 보험금액과 보험료는 계약자가 보험 혜택을 받기 위해 납부하는 금액과, 보험 사고 발생 시 지급될 보상의 한도를 의미한다. 이 요소는 계약자의 재정 상황과 가입하려는 보험의 특성에 따라 결정된다. 셋째, 보장 범위와 보험 기간은 특정 위험이 보장되는 범위와 보험이 적용되는 기간을 명확히 정의한다. 이 범위를 꼼꼼히 확인하지 않으면 예상치 못한 상황에서 보장을 받지 못할 수 있다. 넷째, 면책 사항과 계약 해지 조건은 보험사가 보상을 제공하지 않는 특정 상황과 계약을 종료할 수 있는 조건을 규정한다.

고의적인 사고나 특정 행동으로 인한 손해는 면책 조항에 해당할 수 있으며, 계약자는 이에 대한 내용을 사전에 숙지해야 한다.
마지막으로, 고지 의무와 통지 의무는 계약자가 보험 가입 시 필수 정보를 정확하게 제공하고, 중요한 변경사항을 보험사에 알릴 의무를 의미한다. 보험 계약은 단순한 금융 거래가 아니라 장기적인 재무 전략의 일부로 이해해야 한다. 계약 체결 후에도 정기적으로 계약 내용을 점검하고, 자신의 상황 변화에 맞춰 조정할 준비가 필요하다.
생애주기 별로 변화 하는 위험 요소를 반영하여 보험을 관리하는 것은 성공적인 재정 계획의 핵심이 된다. 꼼꼼한 확인, 정확한 정보 제공, 지속적인 관리가 보험 계약을 효과적으로 운영하는 데 중요한 요소임을 명심해야 한다.

1. 계약 전 확인사항

보험 계약을 체결하기 전에는 신중한 검토가 필요하다. 상품의 겉모습이나 주변 권유만으로 가입하는 것은 위험할 수 있으며, 보장 내용과 조건을 충분히 이해한 후 결정해야 한다. 보다 안전한 선택을 위해 고려해야 할 핵심 사항은 다음과 같다.

먼저 보험 약관을 꼼꼼히 살펴봐야 한다.

[보험 약관 검토 체크리스트]

- ✓ 보장 범위 확인
- ✓ 면책 조항 확인
- ✓ 보험금 지급 조건 확인
- ✓ 갱신 및 해지 조건 확인

약관에는 보장 범위, 면책 조항, 보험금 지급 기준 등 중요한 정보가 포함되어 있으며, 특히 작은 글씨로 기재된 면책 조항은 보험금 지급 여부에 큰 영향을 미칠 수 있다. 이를 제대로 확인하지 않으면 예상치 못한 불이익을 겪을 가능성이 높다. 또한 자신의 재무 상태와 필요성을 분석하는 것이 중요하다. 주변 사람들이 가입했다고 해서 따라가는 것은 바람직하지 않으며, 연령, 직업, 가족 상황, 소득 수준을 고려해 본인에게 적합한 보험을 선택해야 한다. 같은 보험이라도 필요성과 우선순위는 개인마다 다를 수 있기 때문이다.

보험사의 재무 건전성도 반드시 확인해야 한다. 보험금 지급 능력이 부족한 회사에 가입하면 사고가 발생했을 때 보상을 제대로 받지 못할 위험이 있다. 신용등급, 자본금, 지급여력비율(RBC) 등의 재무지표를 확인하고, 객관적인 평가를 통해 보험사의 안정성을 점검하는 것이 필요하다. 보장 내용을 세밀하게 확인하는 과정도 필수적이다. 보험료만 비교할 것이 아니라, 실제 보장되는 질병과 상해의 범위, 보장 금액, 면책 조건 등을 꼼꼼히 살펴야 한다. 특히 본인의 건강 상태와 관련된 부분은 더욱 신중히 검토해야 불필요한 보장 공백을 피할 수 있다. 중도해지 및 환급 조건도 사전에 파악해야 한다. 이 부분을 간과했다가 예상치 못한 손실을 겪는 경우가 많다. 해지 시 불이익과 환급금 산정 방식을 미리 숙지하면 필요할 때 적절한 결정을 내릴 수 있다.

마지막으로 보험 설계사의 신뢰성과 전문성을 확인하는 것이 중요하다. 단순히 영업 목적의 설명만 듣고 가입하기보다는 여러 설계사의 의견을 비교하고, 직접 정보를 찾아보는 것이 바람직하다. 객관적이고 신뢰할 수 있는 전문가를 통해 상담하면 더욱 안정적인 선택이 가능하다. 보험 계약은 단순한 금융 상품이 아니라, 미래를 대비하는 중요한 재무 계획이다. 사전에 충분한 검토와 분석을 거쳐 불필요한 리스크를 줄이고, 본인에게 가장 적합한 보험을 선택하는 것이 바람직하다.

보험금 청구 과정과 청구 절차

보험금 청구는 단순한 서류 제출을 넘어, 사고나 질병 등의 예상치 못한 상황에서 보험회사로부터 보상을 받기 위한 중요한 절차이다. 원활한 보험금 수령을 위해서는 정확한 정보 제공, 서류 준비, 보험사 심사 과정 이해 등이 필수적이다.

보험금 청구의 첫 단계는 사고 발생 즉시 보험사에 신고하는 것이다. 사고의 구체적인 상황, 발생 시간, 장소 등을 정확하게 전달해야 하며, 가능하다면 사고 당시의 증거 자료와 목격자 진술도 함께 확보하는 것이 좋다. 이후 보험사 콜센터나 담당 설계사에게 연락하여 필요한 서류와 절차를 안내받아야 한다. 다음으로 청구에 필요한 서류를 준비하는 과정이 필요하다. 보험 상품과 사고 유형에 따라 요구되는 서류가 다를 수 있으므로, 사전에 보험 약관을 확인해야 한다. 일반적으로 의료보험 청구 시에는 진단서, 진료비 영수증, 상해보험의 경우 사고 증명서, 경찰 보고서 등이 필요하다. 원본과 사본을 함께 준비하면 서류 처리 속도를 높이는 데 도움이 된다.

[보험금 청구 절차 개요]

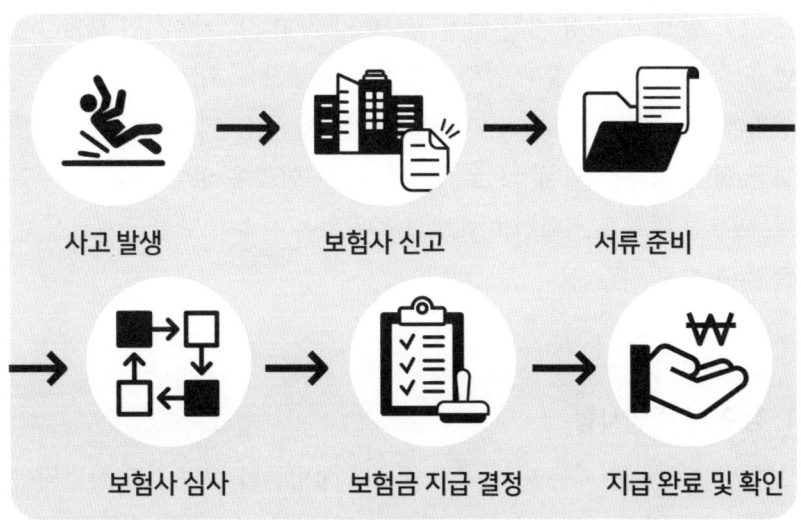

보험금 청구 서류가 접수되면, 보험사는 이를 검토하는 심사 과정을 거친다. 보통 1~2주가 소요되며, 필요 시 추가 서류 요청이나 현장 실사가 진행될 수 있다. 따라서 보험사에서 추가 정보를 요청할 경우 신속하고 정확하게 대응해야 한다. 심사 완료 후 보험사는 보험금 지급

여부 및 금액을 결정하여 결과를 통보한다. 보장 범위에 따라 보험금이 승인되면 신청자의 계좌로 입금되며, 지급이 거절될 경우 그 사유가 명확히 설명된다. 청구 과정에서 허위 서류 제출이나 과장된 청구는 절대 금지되며, 적발될 경우 보험 계약이 무효화되거나 법적 처벌을 받을 수 있으므로 모든 정보는 사실에 근거해야 한다.

보험금 청구 과정에서 거절될 수 있는 주요 사유도 미리 숙지해야 한다. 대표적으로 보험약관에서 보장하지 않는 사항, 고의적인 사고, 면책 조항 해당 사항 등이 있다. 이를 방지하려면 계약 체결 시 약관을 철저히 확인하고, 불확실한 부분은 보험 설계사나 고객 상담센터를 통해 문의하는 것이 중요하다.

마지막으로, 청구 기간을 반드시 확인해야 한다. 대부분의 보험 상품은 사고 발생 후 일정 기간 내에 청구해야 하며, 이를 놓치면 보험금을 받을 수 없다. 또한 청구 진행 상황을 지속적으로 확인하고 보험사의 연락에 신속히 대응하는 것이 원활한 지급을 받는 데 도움이 된다. 보험금 청구 절차는 체계적으로 진행하면 큰 어려움 없이 처리할 수 있다. 필요한 절차를 정확히 이해하고 준비하여 신속한 보험금 지급을 받을 수 있도록 하는 것이 중요하다.

1. 청구 시 주의사항

보험금을 청구할 때는 여러 가지 중요한 사항들을 주의 깊게 살펴봐야 한다. 먼저 가장 핵심적으로 고려해야 할 점은 신속하고 정확한 증빙 서류 준비다.

사고나 보험 사고 발생 즉시 모든 관련 서류를 수집하고 정리해야 하며, 이는 원활한 보험금 청구의 첫 단계가 된다. 병원 진단서, 의료비 영수증, 사고 경위서 등 보험사에서 요구하는 서류들을 빠짐없이 준비해야 한다. 특히 시간이 지날수록 서류 확보가 어려워질 수 있으므로 사고 직후 즉시 관련 서류를 수집하는 것이 중요하다. 경우에 따라서는 증거 자료의 미비로 보험금 청구가 지연되거나 거절될 수 있기 때문이다. 또한 보험금 청구 과정에서 정확하고 투명한 정보 제공이 필수적이다.

 허위 또는 과장된 정보를 제공할 경우 보험 약관에 따라 보험금 지급이 거절될 수 있으며, 심각한 경우 보험 계약 자체가 무효화될 수 있다. 따라서 사실에 근거한 정확한 정보만을 제공해야 한다. 보험사와의 소통 과정에서 세심한 주의도 필요하다.

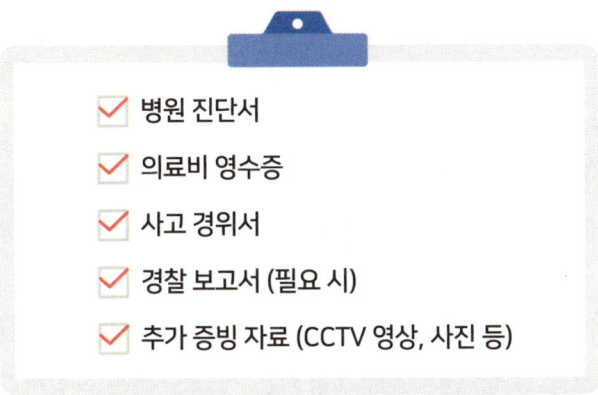

[보험금 청구 필수 서류 체크리스트]
- 병원 진단서
- 의료비 영수증
- 사고 경위서
- 경찰 보고서 (필요 시)
- 추가 증빙 자료 (CCTV 영상, 사진 등)

 모든 통화와 서신은 기록으로 남겨두고, 보험 담당자와의 커뮤니케이션 내용을 꼼꼼히 확인해야 한다. 중요한 대화나 상담 내용은 가능하다면 문서로 남기고, 담당자의 이름과 연락처를 정확히 메모해두는 것이 좋다. 청구 기간도 반드시 확인해야 할 중요한 요소다. 대부분의 보험 상품은 보험 사고 발생 후 일정 기간 내에 청구해야 하며, 이를 지키지 않으면 보험금 청구 자체가 불가능해질 수 있다.

 따라서 약관에 명시된 청구 기간을 정확히 숙지하고 이를 엄격히 준수해야 한다. 디테일한 부분까지 꼼꼼히 챙기는 것이 보험금 청구의 성공 핵심이다. 단순히 서류를 제출하는 것을 넘어 모든 과정을 세심하게 관리하고 대응해야 한다. 필요하다면 전문가의 조언을 구하거나 보험사 담당자와 적극적으로 소통하는 것도 중요한 전략이 될 수 있다.

[허위 청구와 정당한 청구 비교]

	정당한 청구	허위·과장 청구
제공 정보	사실에 기반한 정확한 정보	과장된 또는 허위 내용 기재
보험금 지급	보험금 정상 지급	보험금 거절, 계약 해지 가능성
법적 위험	없음	보험 사기 처벌 가능

보험과 세금: 효율적인 재무 관리를 위한 이해

 보험과 세금은 재무 계획에서 밀접하게 연결된 중요한 요소다. 보험을 활용하면 예상치 못한 위험에 대비할 수 있을 뿐만 아니라, 세금 혜택을 통해 재정적 부담을 줄일 수도 있다. 그러나 보험료 납입, 보험금 수령, 연금 지급 등 각 단계에서 적용되는 세금 규정은 복잡하고 세부적인 요건이 다르므로, 이를 정확히 이해하는 것이 장기적인 재무 안정성을 확보하는 데 필수적이다. 먼저, 보험료 세액 공제는 개인의 세금 부담을 줄이는 중요한 제도다. 한국 세법에서는 보장성 보험 가입자에게 일정 금액까지 세액 공제 혜택을 제공하며, 연금저축보험의 경우 연간 400만 원까지 세액 공제 대상이 된다.

 이를 통해 최대 12%까지 공제받을 수 있어 세금 절감 효과가 크다. 그러나 공제 혜택을 받으려면 일정 조건을 충족해야 하며, 연금 수령 시점과 방식에 따라 과세 방식이 달라질 수 있다. 또한, 저축성 보험이나 투자 연계 보험 상품은 세액 공제 대상에서 제외될 수 있으므로 가입 전에 이를 확인하는 것이 중요하다.

보험금 수령 시 발생하는 세금 문제도 신중하게 고려해야 한다. 사망보험금은 상속세 비과세 대상이지만, 만기보험금이나 중도해지 환급금은 소득세가 부과될 수 있다. 연금보험에서 수령하는 연금은 종합소득세 과세 대상이며, 수령 방식에 따라 세금 부담이 달라진다.

[보험금 유형별 세금 부과 여부 비교]

보험금 유형	세금 부과 여부	과세 방식
사망보험금	비과세	상속세 면제
만기보험금	과세 대상	소득세 부과 가능
중도해지 환급금	과세 대상	이자소득세 부과
실손의료보험금	비과세	실제 의료비 보전 시 비과세

예를 들어, 일시금으로 수령하면 퇴직소득세가 부과될 수 있고, 연금 형태로 받으면 연금소득세가 적용된다. 또한, 상해보험과 실손의료 보험은 일반적으로 비과세 대상이지만, 특정 조건에 따라 과세될 가능성이 있으므로 보험 약관을 정확히 검토해야 한다.

세금 문제를 효과적으로 관리하기 위해서는 세금 효율적인 보험 상품을 선택하는 것이 중요하다. 세제 혜택이 있는 상품을 활용하면 장기적인 세금 부담을 줄일 수 있으며, 연금보험과 같은 장기 금융상품을 적절히 활용하면 절세 효과를 극대화할 수 있다. 또한, 보험금 수령 시기와 방식을 전략적으로 계획하는 것도 필요하다. 일정한 소득이 있는 기간에 보험금을 일시금으로 받으면 세금 부담이 증가할 수 있으므로, 분할 지급 등의 방법을 고려해야 한다.

보험과 관련된 세금 법규는 매년 개정될 가능성이 높기 때문에 최신 정보를 지속적으로 확인하는 것이 필수적이다. 국세청이나 금융당국의 공식 자료를 참고하고, 필요할 경우 전문가의 상담을 받아 개인의 재무 상황에 맞는 맞춤형 세금 전략을 수립하는 것이 바람직하다. 특히 세금 공제 혜택이 지속적으로 유지되는지, 혹은 변경되는지 확인하는 것이 중요하며, 연말정산 시 누락 없이 공제를 신청하는 것이 필요하다. 결과적으로, 보험과 세금에 대한 올바른 이해는 단순한 세금 절감을 넘어 장기적인 재무 건전성과 안정적인 미래를 위한 전략적인 선택이 될 수 있다.

보험 가입 단계부터 수령 방식까지 꼼꼼하게 계획하고, 세금 부담을 최소화할 수 있는 방안을 고려한다면 보다 효과적인 재무 관리를 실현할 수 있을 것이다.

미래를 위한 체계적인 보험 및 재무 계획

인생은 예측할 수 없는 변수들로 가득 차 있으며, 이러한 불확실성에 대비하기 위해서는 장기적이고 체계적인 보험 및 재무 계획이 필수적이다. 보험은 단순한 위험 관리 수단을 넘어 개인과 가족의 재정적 안정성을 확보하는 중요한 전략으로 작용한다.

먼저, 재무 목표를 명확하게 설정하는 것이 보험 계획의 핵심이다. 재무 목표는 단기, 중기, 장기로 나눌 수 있다. 단기 목표(6개월~2년)는 비상금 마련이나 소규모 투자, 중기 목표(3~5년)는 주택 마련이나 자동차 구입, 장기 목표(5년 이상)는 은퇴 준비 및 자녀 교육비 마련 등이 포함된다. 보험은 이러한 목표를 보호하고 지원하는 중요한 도구로 작용하며, 생명보험은 가족의 소득을 보장하고, 건강보험은 예상치 못한 의료비 지출을 대비하며, 연금 보험은 은퇴 후 안정적인 수입원을 제공한다.

보험 설계 시에는 현재뿐만 아니라 미래의 변화 가능성도 고려해야 한다. 직업 변화, 결혼, 자녀 출산, 노후 계획 등 다양한 요인들이 보험 선택에 영향을 미칠 수 있기 때문이다. 예를 들어, 20대는 실손의료보험과 상해보험 중심으로 접근하고, 30~40대는 가족을 위한 종신보험 및 연금보험을 고려하며, 50대 이후에는 은퇴 후 의료비와 생활비를 보장할 수 있는 보험이 중요해진다.

[재무 목표별 보험 활용 방안]

보험 포트폴리오를 구성할 때는 분산 투자 원칙을 적용하는 것이 효과적이다. 하나의 보험에 집중하기보다는 다양한 성격의 보험을 조합하여 종합적인 재무 보호 체계를 마련해야 한다. 예를 들어, 생명보험과 건강보험, 연금보험을 조합하면 보다 균형 잡힌 재정적 안전망을 구축할 수 있다.

또한, 재무 계획은 지속적으로 점검하고 조정해야 한다. 인생은 변수가 많기 때문에 보험 가입 후에도 정기적인 검토를 통해 적절한 보장이 유지되고 있는지 확인하는 것이 필요하다. 새로운 가족 구성원의 등장, 소득 변화, 건강 상태 변화 등이 발생하면 보험 포트폴리오를 수정해야 한다. 리스크 관리 역시 중요한 요소다. 예상치 못한 사고나 질병으로 인해 경제적 충격이 발생할 수 있으므로, 충분한 보장을 유지하는 것이 필수적이다. 다만, 과도한 보험료 지출은 피해야 하며, 본인의 재무 상황에 맞춰 적절한 보험 상품을 선택하는 것이 중요하다. 마지막으로, 복리 효과를 활용한 장기적인 재무 계획을 고려해야 한다. 젊을 때부터 소액이라도 꾸준히 투자하거나 보험에 가입하면 장기적으로 큰 재정적 이점을 얻을 수 있다. 보험은 단순한 소비가 아니라 미래를 위한 투자라는 점을 인식하고, 장기적인 관점에서 접근하는 것이 바람직하다.

결론적으로, 미래를 위한 보험 및 재무 계획은 단순한 위험 관리가 아니라 삶의 안정성과 재정적 자유를 보장하는 핵심 전략이다. 체계적인 목표 설정과 지속적인 점검을 통해 변화하는 상황에 유연하게 대응할 수 있어야 하며, 이를 통해 개인과 가족의 재정적 건강을 지킬 수 있다.

보험 포트폴리오 관리하기

개인의 재무 상황은 끊임없이 변화하기 때문에 보험 포트폴리오도 그에 맞춰 유동적으로 관리해야 한다. 인생의 주요 전환점마다 보험 상품을 재점검하고 조정하는 것은 매우 중요한 재무 전략이다. 결혼, 출산, 주택 구입, 경력 변경 등 삶의 큰 변화가 있을 때마다 기존 보험 포트폴리오를 면밀히 검토해야 한다. 효과적인 보험 포트폴리오 관리를 위해서는 먼저 자신의 현재 재무 상태와 미래 목표를 정확히 파악해야 한다. 현재 소득 수준, 부채 상황, 가족 구성원 수, 향후 재정적 목표 등을 종합적으로 분석해야 한다. 이를 통해 실제 필요한 보장 수준과 불필요한 보험 상품을 구분할 수 있다.

보험 포트폴리오의 핵심은 중복 보장을 피하고 필요한 부분을 정확히 커버하는 것이다. 여러 보험사의 다양한 상품을 비교하여 보장 범위와 보험료를 면밀히 검토해야 한다. 예를 들어, 질병보험과 상해보험이 유사한 보장을 제공한다면 하나의 상품으로 통합하는 것이 더 경제적일 수 있다.

 주기적인 보험 포트폴리오 점검은 최소 연 1회 이상 진행해야 한다. 매년 보험 상품의 보장 내용, 보험료, 본인의 재무 상황 변화를 종합적으로 검토하고 필요하다면 과감하게 상품을 변경하거나 해지해야 한다. 불필요한 보험 상품에 과도한 비용을 지출하는 것은 재무적 비효율을 초래할 수 있다.

 연령대별로 요구되는 보험 포트폴리오도 다르다. 20대와 30대 초반에는 질병보험, 상해보험 등 기본적인 보장에 중점을 둬야 하며, 40대 이후에는 중대 질병 보험, 노후 대비 보험 등으로 포트폴리오를 점진적으로 조정해야 한다. 각 생애주기에 맞는 맞춤형 보험 상품 선택이 중요하다. 보험 포트폴리오 관리에서 간과하지 말아야 할 또 다른 중요한 요소는 보험사의 신뢰성과 재무 건전성이다. 단순히 저렴한 보험료나 높은 보장 금액만을 보고 선택할 것이 아니라, 해당 보험사의 재무 상태, 고객 서비스 평가, 보험금 지급률 등을 종합적으로 고려해야 한다. 마지막으로, 디지털 기술의 발전으로 보험 포트폴리오 관리도 더욱 편리해졌다. 다양한 보험 비교 애플리케이션과 온라인 플랫폼을 활용하면 손쉽게 여러 보험 상품을 비교하고 최적의 조합을 찾을 수 있다. 기술을 적극적으로 활용하여 더욱 스마트한 보험 포트폴리오 관리가 가능해졌다.

PART 2
생애주기별 보험 조각하기

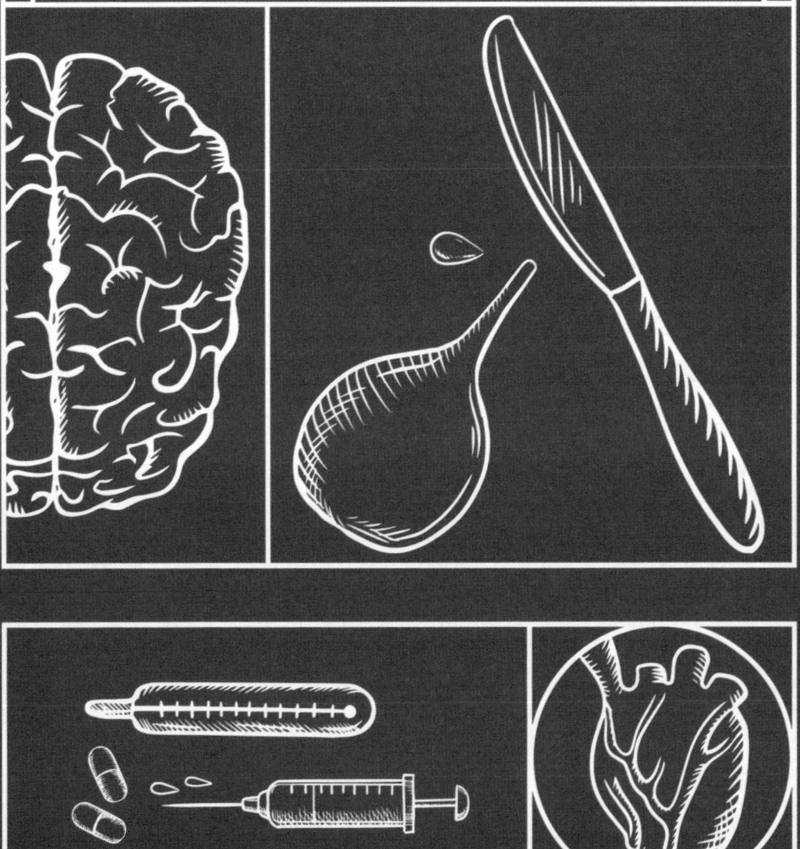

01 20대 :
사회 초년생을 위한 보험 설계

 청년기의 재정적 안전망을 구축하는 것은 매우 중요한 과정이다. 보험은 단순한 위험 대비 수단이 아니라 미래에 대한 투자이자 스스로를 보호하는 핵심적인 전략이다. 특히 20대는 인생의 중요한 전환점으로, 재정적 기반을 다지는 시기이기 때문에 보험 선택에 신중해야 한다.

 실손보험은 현대 사회에서 필수적인 보장 수단이다. 의료비용이 지속적으로 상승하는 상황에서 실손보험은 예상치 못한 의료 지출로부터 개인을 보호한다. 특히 젊은 세대의 경우 건강에 대한 과신으로 보험 가입을 미루는 경향이 있지만, 오히려 이 시기에 합리적인 실손보험 가입이 중요하다.

 보험사별 실손보험 상품은 세부적인 보장 범위와 조건이 다르기 때문에 꼼꼼한 비교가 필요하다. 단순히 보험료만 비교할 것이 아니라 보장 범위, 특약 조건, 보상 한도 등을 종합적으로 검토해야 한다. 또한 본인의 건강 상태와 생활 패턴에 맞는 맞춤형 상품을 선택하는 것이 가장 바람직하다.

 일상배상책임보험은 20대가 반드시 고려해야 할 중요한 보험 상품이다. 사회초년생으로서 예기치 못한 사고나 실수로 인한 법적 배상 책임에 대비할 수 있기 때문이다. 예를 들어 자전거 운전 중 타인의 차량을 손상시키거나, 렌트한 공간에서 우연한 사고를 일으킬 경우 막대한 배상 비용이 발생할 수 있다.

보험 가입 시 진단비를 적정하게 설정하는 것도 중요한 전략이다. 과도하게 높은 진단비는 불필요하게 보험료를 상승시키며, 반대로 너무 낮은 진단비는 실제 사고 발생 시 충분한 보장을 받지 못하게 된다. 따라서 자신의 경제적 상황과 위험 수준을 정확히 파악하고 적절한 진단비를 설정해야 한다.

20대의 보험 설계는 단순한 위험 대비를 넘어 미래에 대한 현명한 투자이다. 보험 상품을 선택할 때는 현재의 상황뿐만 아니라 향후 예상되는 생활 변화와 잠재적 위험까지 고려해야 한다. 전문 보험 상담사와의 상담, 다양한 상품 비교, 그리고 지속적인 관심과 학습이 중요하다.

실손보험의 필요성

현대 사회에서 개인의 건강과 재정적 안정성을 지키는 것은 매우 중요한 과제이다. 실손보험은 이러한 목적을 달성하는 데 핵심적인 역할을 한다. 특히 예상치 못한 의료비 지출로 인한 경제적 부담을 줄이는 데 효과적인 수단으로 자리 잡았다.

실손보험의 가장 큰 장점은 실제 발생한 의료비를 보상받을 수 있다는 점이다. 기존의 정액형 보험과 달리 실손보험은 실제 지출된 의료비를 기준으로 보상이 이루어진다. 이는 개인에게 더욱 실질적이고 유용한 보장을 제공한다. 예를 들어, 대형 병원에서 고가의 치료를 받았을 경우 기존 정액보험으로는 충분한 보상을 받기 어려웠지만, 실손보험은 실제 발생한 의료비의 대부분을 보장받을 수 있다.

[실손보험 가입 여부에 따른 의료비 부담 비교]

항목	미가입 시 부담액	실손보험 가입 시 부담액
간단한 외래 진료	50,000원	5,000원
입원비 (3일 기준)	1,200,000원	120,000원
수술비 (고가 치료)	5,000,000원	500,000원

그러나 실손보험 가입 시 주의해야 할 점들이 있다. 건강보험과의 연계를 고려할 때는 특히 신중해야 한다. 일부 보험사에서 제공하는 특약이나 조건들을 면밀히 검토해야 한다. 중복 가입으로 인한 비용 낭비를 피하고, 최적의 보장 범위를 확보하는 것이 중요하다. 단순히 많은 보험에 가입하는 것보다는 자신의 건강 상태와 생활 환경에 맞는 실손보험을 선택하는 것이 더욱 현명하다.

또한 실손보험은 단독으로 가입하는 것이 가장 이상적이다. 다른 보험 상품과 과도하게 연계하거나 복잡한 특약을 추가하면 오히려 보험의 효율성이 떨어질 수 있다. 보험료와 보장 범위를 꼼꼼히 비교하고, 자신에게 정말 필요한 보장 내용을 선택해야 한다. 실손보험은 개인의 건강 위험을 최소화하고 재정적 안정성을 높이는 중요한 금융 상품이기 때문이다.

나이, 직업, 건강 상태 등 개인의 특성에 맞는 실손보험을 선택하는 것이 핵심이다. 단순히 보험료가 저렴하다고 해서 선택할 것이 아니라,

실제 본인에게 필요한 보장 내용을 면밀히 검토해야 한다. 보험 설계사와 상담을 통해 자세한 내용을 확인하고, 필요하다면 여러 보험사의 상품을 비교해보는 것도 좋은 방법이다.

결론적으로 실손보험은 현대인의 필수적인 재정 관리 도구라고 할 수 있다. 그러나 맹목적인 가입보다는 신중하고 현명한 접근이 필요하다. 자신의 건강 상태와 재정 상황을 정확히 파악하고, 최적의 실손보험을 선택함으로써 진정한 경제적 안전망을 구축할 수 있을 것이다.

일상배상책임보험 가입의 필요성

현대 사회에서 사회초년생들은 다양한 일상적 위험에 노출되어 있다. 특히 직장, 대인관계, 생활환경에서 예상치 못한 사고나 손해배상 상황이 발생할 수 있기 때문에 일상배상책임보험의 중요성은 점점 더 커지고 있다. 이는 단순한 보험 상품을 넘어 개인의 재정적 안전망을 구축하는 핵심 전략이다.

일상에서 발생할 수 있는 사고의 유형은 매우 다양하다. 예를 들어, 직장에서 실수로 동료의 노트북을 떨어뜨려 파손했거나, 카페에서 음료를 엎질러 주변 물건을 손상시켰을 경우, 혹은 대중교통에서 부주의로 다른 사람의 소지품에 손해를 끼쳤을 때 발생하는 배상 문제들이 그것이다. 이러한 상황들은 예상치 못한 경제적 부담을 초래할 수 있으며, 심각한 경우 개인의 재정을 크게 위협할 수 있다.

일상배상책임보험은 이러한 우발적 사고로 인한 법적 배상 책임을 효과적으로 대비할 수 있게 해준다. 특히 사회초년생들은 경제적 여유가 제한적이기 때문에 갑작스러운 고액의 배상 요구에 취약할 수 있다. 이 보험은 개인의 경제적 안정성을 보호하는 중요한 장치로 작용한다.

[사고 사례와 보상 한도]

사고 유형	예시 상황	예상 배상 금액	보험 보장 여부
자전거 사고	타인의 차량에 손상을 입힘	300만 원	전액 보장
임대 공간 사고	빌린 공간의 벽지를 훼손함	150만 원	전액 보장
대중교통 사고	타인의 노트북 파손	200만 원	전액 보장

보험 가입 시 주의해야 할 점은 자신의 생활 패턴과 위험 요소를 정확히 파악하는 것이다. 직업, 생활 환경, 대인관계의 특성에 따라 적합한 보장 범위를 선택해야 한다. 예를 들어 사무직 종사자와 현장 근로자의 위험 요소는 다를 수 있으므로, 개인별 맞춤형 보험 설계가 중요하다.

보험료는 상대적으로 저렴하지만, 그 효용가치는 매우 높다. 월 1만원 미만의 보험료로 수천만 원의 배상 위험을 대비할 수 있기 때문이다. 따라서 경제적 부담 없이 안전망을 구축할 수 있는 최적의 보험 상품이라고 할 수 있다.

더불어 최근에는 디지털 플랫폼을 통해 간편하게 일상배상책임보험에 가입할 수 있다. 온라인에서 몇 분 만에 가입 절차를 완료할 수 있으며, 보장 내용과 보험료를 실시간으로 비교할 수 있다. 이는 사회초년생들에게 매우 편리한 가입 방식이다.

결론적으로, 일상배상책임보험은 현대 사회 초년생들에게 필수적인 금융 상품이다. 작은 투자로 큰 위험을 대비할 수 있으며, 재정적 안정성을 높이는 중요한 수단이 된다. 따라서 모든 사회초년생들은 자신의 상황에 맞는 일상배상책임보험 가입을 심각하게 고려해야 할 것이다.

적정 진단비 설정하기

보험 가입에 있어 진단비를 설정하는 것은 매우 중요한 과정이다. 개인의 재정 상황과 실제 필요한 보장 수준을 정확히 판단해야 한다. 단순히 높은 보장금액을 선택하는 것이 아니라, 자신의 경제적 상황과 위험 요인을 종합적으로 고려해야 한다.

진단비를 설정할 때 가장 먼저 고려해야 할 요소는 개인의 소득 수준과 지출 능력이다. 월 소득의 일정 비율을 보험료로 지출할 수 있는 범위를 먼저 계산해야 한다. 일반적으로 전문가들은 월 소득의 5~10% 정도를 보험료로 책정하는 것을 추천한다. 이는 과도한 재정적 부담을 주지 않으면서도 충분한 보장을 받을 수 있는 적정선이다.

또한 진단비 설정 시 개인의 건강 상태와 가족력도 중요하게 고려해야 한다. 특정 질병에 대한 유전적 위험이 높은 경우 해당 질병에 대한 진단비를 좀 더 높게 책정할 필요가 있다. 하지만 이 역시 재정적 부담을 고려하여 신중하게 결정해야 한다. 과도하게 높은 진단비는 오히려 매달 납입해야 하는 보험료를 크게 증가시켜 장기적인 재정 건전성을 해칠 수 있다.

실제 보험 상담사와 상담할 때는 자신의 재정 상황을 투명하게 공개하고 솔직하게 상담해야 한다. 전문가의 조언을 통해 가장 적절한 진단비 수준을 찾을 수 있다. 또한 정기적으로 진단비와 보장 내용을 점검하여 필요에 따라 조정할 수 있어야 한다.

특히 20대와 같은 젊은 층에서는 과도한 보험 가입을 경계해야 한다.

불필요하게 높은 진단비는 미래의 다른 재정적 목표 달성을 방해할 수 있다. 저축, 투자, 주택 마련 등 다른 재정적 목표와의 균형을 고려하면서 진단비를 설정해야 한다.

 마지막으로 진단비 설정은 단순한 금전적 계산을 넘어서는 개인의 삶의 철학과도 연관된다. 위험에 대비하면서도 현재의 삶의 질을 해치지 않는 지혜로운 선택이 필요하다. 보험은 미래의 불확실성에 대비하는 도구일 뿐, 현재의 삶을 제한해서는 안 된다는 점을 명심해야 한다.

[적정 진단비 설정의 주요 기준]

기준	설명	예시
월 소득 대비 보험료	월 소득의 5~10%를 보험료로 책정 추천	월 소득 300만 원 → 보험료 15만~30만 원
건강 상태와 가족력	유전 질병 가능성이 높은 경우 진단비를 높게 설정 필요	가족 중 암 진단 사례 → 암 진단비 강화
장기 재정 계획	저축, 투자와 균형을 맞춰야 함	주택 자금 마련을 고려한 적정 진단비 책정

02 30대 : 가족을 위한 보험 선택

30대는 가정을 이루고 안정적인 가족생활을 시작하는 중요한 시기이다. 이 시기에는 단순히 개인의 안전만을 고려하는 것이 아니라 가족 전체의 보호와 미래를 위한 재정적 안전망을 구축해야 한다. 보험 선택은 이러한 목표를 달성하기 위한 핵심적인 전략이 될 수 있다.

가족을 위한 보험 설계에서 가장 먼저 고려해야 할 요소는 가족 구성원의 연령, 건강 상태, 직업, 그리고 재정적 상황이다. 각 가족 구성원의 특성과 필요를 세밀하게 분석하여 최적의 보험 포트폴리오를 구성해야 한다. 이는 단순히 보험료를 지불하는 것이 아니라, 실제 위험에 대비하고 가족의 미래를 보호하는 전략적 접근이다.

필수 보험의 경우, 부부 모두를 위한 종합 건강보험과 상해보험은 반드시 고려해야 할 기본 상품이다. 특히 30대는 직장생활과 육아로 인해 신체적, 정신적 스트레스가 높은 시기이므로 포괄적인 의료보장이 중요하다. 자녀가 있는 경우에는 자녀 전용 보험과 부모의 사망 또는 중대 질병 시 자녀를 보호할 수 있는 보험 상품도 함께 검토해야 한다.

추가 보장의 측면에서는 암보험, 간병보험, 상해보험 등을 고려할 수 있다. 특히 최근 의료기술의 발전으로 생존율이 높아진 질병들에 대비하기 위해서는 이러한 추가 보장이 필수적이다. 다만, 과도한 보험 가입은 불필요한 재정적 부담을 초래할 수 있으므로 신중하게 선택해야 한다.

 암보험의 경우, 가족력과 개인의 건강 상태를 고려하여 맞춤형으로 설계해야 한다. 뇌혈관 질환이나 심혈관 질환에 대비한 보험도 30대부터 미리 준비하는 것이 현명하다. 이러한 보험들은 치료비용뿐만 아니라 치료 기간 동안의 소득 상실을 보전해 줄 수 있는 중요한 장치가 된다.

 보험 선택 시 주의해야 할 또 다른 중요한 점은 보장 범위와 보험료의 균형이다. 저렴한 보험료의 상품이 반드시 최선의 선택은 아니며, 실제 보장 내용과 보상 범위를 꼼꼼히 비교해야 한다. 보험사의 신뢰성, 보상 실적, 고객 서비스 등도 종합적으로 고려해야 할 중요한 요소이다.

 결론적으로, 30대의 보험 설계는 단순한 위험 대비를 넘어 가족의 미래를 설계하는 중요한 재정적 의사결정이다. 필수 보험과 추가 보장 사이의 균형을 찾고, 가족의 특성과 needs를 정확히 파악하는 것이 성공적인 보험 설계의 핵심이다.

필수 보험의 이해

가족의 안전과 건강을 지키는 것은 모든 가장의 가장 중요한 책임이다. 현대 사회에서 이러한 책임을 다하기 위해서는 체계적인 보험 설계가 필수적이다. 단순히 보험에 가입하는 것을 넘어 가족 구성원 각자의 특성과 상황을 깊이 고려한 맞춤형 보험 선택이 필요하다.

가장 먼저 고려해야 할 보험은 진단비 등 필수 건강보험이다. 건강보험은 가족 구성원 모두의 의료비 부담을 크게 줄여줄 수 있는 핵심적인 상품이다. 특히 최근 의료비의 급격한 상승과 예측 불가능한 질병 발생 위험을 고려하면 포괄적인 건강보험 설계는 매우 중요하다. 단순히 기본적인 진료비 보장을 넘어서 중증 질환, 입원 치료, 수술 등에 대한 폭넓은 보장을 포함해야 한다.

다음으로 중요한 것은 자녀 출산을 준비한 태아보험이다. 태아보험은 출산 후에 어린이보험으로 변경되기 때문에 가입부터 잘해야 하는 중요한 보험이다. 태아보험은 어린이들 다빈도 질환에 대해서도 이해가 있어야 보장 특약을 잘 구성할 수 있다.

되도록 태아보험 가입할 때 태아 특약, 산모 특약에도 신경을 써야 하지만 어린이보험 전환 후 보험에 대해서 잘 준비해야 한다. 대표적인 어린이보험 특약이 진단비와 부정교합 진단비 등 치과치료 보장이다. 그리고 상해보험도 잘 가입하는 것이 좋다. 어린이일수록 상해사고가 많은 편이기 때문이다.

그리고 가족 구성원이 추가로 생겨나면서 가장의 생명과 미래를 보장하기 위한 종신보험도 고려해야 한다. 생명보험은 만약의 사태에 대비하여 가족의 경제적 안정성을 지켜주는 핵심적인 역할을 한다. 특히 가장의 소득을 책임지는 가족 구성원의 경우 충분한 보장 금액의 생명보험 설계가 매우 중요하다. 단순히 사망 보험금을 넘어 후유장애, 중대 질병 등에 대한 포괄적인 보장을 고려해야 한다.

[적정 진단비 설정의 주요 기준]

구성원	필수 보험	설명
부모(부부)	종신보험, 생명보험	신체적, 정신적 스트레스 대비
자녀	태아보험, 어린이보험	출산 후 전환 가능, 어린이 질환 대비
주소득자(가장)	종신보험, 생명보험	가족 경제적 안정성 유지

보험 선택에 있어서 가장 중요한 원칙은 과도한 보험료 부담 없이 실질적이고 효과적인 보장을 제공하는 것이다. 이를 위해서는 전문가와의 상담, 다양한 상품 비교, 그리고 가족의 구체적인 상황에 대한 면밀한 분석이 선행되어야 한다. 보험은 결코 일회성 상품이 아니라 지속적으로 관리하고 조정해야 하는 중요한 재무 도구임을 명심해야 한다.

가족을 보호하기 위한 추가 보장은 단순히 기본 보험에 머무르지 않고 더욱 포괄적인 위험 관리 전략을 의미한다. 현대 사회에서는 예측할 수 없는 다양한 위험 요소들이 존재하기 때문에 기본적인 보장만으로는 충분하지 않다. 따라서 가족의 안전과 재정적 안정성을 위해 추가적인 보장을 고려해야 한다.

 추가 보장의 핵심은 기본 보험이 커버하지 못하는 영역을 보완하는 것이다. 예를 들어, 기본 의료보험은 일반적인 질병과 치료를 보장하지만, 특정 중대 질병이나 희귀 질환에 대해서는 제한적일 수 있다. 이러한 상황에서 특정 질병에 대한 추가 보장은 가족의 재정적 부담을 크게 줄일 수 있다.

 또한 추가 보장은 단순히 의료 영역에만 국한되지 않는다. 상해, 장애, 사고로 인한 소득 상실, 자녀 교육비 등 다양한 측면에서 추가적인 보장을 고려해야 한다. 특히 가족 구성원 각자의 특성과 생활환경에 맞는 맞춤형 추가 보장을 설계하는 것이 중요하다.

 재정적 위험 관리의 관점에서 추가 보장은 일종의 안전망 역할을 한다. 예기치 못한 사고나 질병으로 인한 경제적 충격을 최소화하고, 가족의 생활 수준을 유지할 수 있는 중요한 장치이다. 특히 주소득자의 갑작스러운 소득 상실이나 장기 치료로 인한 경제적 부담을 줄일 수 있다.

 추가 보장을 선택할 때는 신중해야 한다. 과도한 보장은 불필요한 보험료 지출로 이어질 수 있으며, 반대로 부족한 보장은 위험에 취약해질 수 있다. 따라서 가족의 현재 상황, 미래 계획, 재정 상태 등을 종합적으로 고려하여 최적의 추가 보장을 설계해야 한다.

 실제로 많은 전문가들은 기본 보험의 2~3배에 해당하는 추가 보장을 권장한다. 이는 단순히 보험금의 규모만을 의미하는 것이 아니라, 보장의 범위와 깊이를 확장하는 것을 의미한다. 가족 구성원 개개인의 특성과 위험 요인을 면밀히 분석하여 맞춤형 추가 보장 전략을 수립해야 한다.

[추가 보장 설계 시 고려사항]

- ✓ 기본 보험으로 보장되지 않는 특정 위험(암, 희귀 질환) 분석
- ✓ 상해, 사고로 인한 소득 상실 보장 추가 여부 확인
- ✓ 자녀 교육비 및 부양 가족 재정 지원 여부 검토
- ✓ 가족 구성원의 개별 필요에 맞춘 맞춤형 설계

암보험과 뇌혈관 질환 대비

현대 사회에서 건강에 대한 불확실성은 점점 더 커지고 있다. 특히 암과 뇌혈관 질환은 현대인들에게 가장 큰 건강 위협 중 하나로 자리 잡았다. 통계청 자료에 따르면 매년 이러한 질병으로 인한 사망률이 꾸준히 증가하고 있어 개인의 사전 대비가 무엇보다 중요해졌다.

암보험은 단순한 재정적 보호 장치가 아니라 실질적인 치료 지원 수단이다. 현대 의료기술의 발전으로 암 생존율은 점차 높아지고 있지만, 동시에 치료비용도 급격히 상승하고 있다. 표준적인 암 치료비용은 수천만 원에 달할 수 있으며, 이는 개인의 경제적 자원을 순식간에 고갈시킬 수 있다.

뇌혈관 질환 또한 심각한 건강 리스크로 작용한다. 급격한 생활 환경 변화와 스트레스, 불규칙한 식습관 등으로 인해 뇌혈관 질환의 발생 연령이 점점 낮아지고 있다. 특히 30대와 40대 직장인들 사이에서 이러한 질환의 발병률이 눈에 띄게 증가하고 있어 사전 대비의 필요성이 더욱 커지고 있다.

보험 상품 선택 시에는 단순히 보장 금액만 보는 것이 아니라 세부 보장 범위를 꼼꼼히 확인해야 한다. 일부 보험사에서는 초기 암부터 말기 암까지, 그리고 재발 암까지 다양한 단계의 보장을 제공한다. 또한 뇌혈관 질환의 경우에도 급성기, 회복기, 장기 관리 등 단계별 세부 보장 조건을 면밀히 살펴봐야 한다.

[실손보험 가입 여부에 따른 의료비 부담 비교]

보장 항목	암보험	뇌혈관 질환 보험
초기 단계 보장	초기 암 진단금 보장	급성기 진단금 지급
재발 및 말기 단계 보장	재발 암 및 말기 암 추가 보장	회복기 및 장기 관리 보장
소득 상실 보전	치료 기간 중 소득 상실 보전	장기 치료 시 소득 상실 보전

실제 보험 가입 시에는 개인의 가족력과 건강 상태를 충분히 고려해야 한다. 암이나 뇌혈관 질환의 유전적 위험성, 개인의 생활 습관, 직업적 특성 등을 종합적으로 분석하여 맞춤형 보험 상품을 선택하는 것이 중요하다. 단순히 보험료가 저렴하다고 해서 선택하기보다는 실질적인 보장 범위와 개인의 위험 요인을 철저히 분석해야 한다.

예방과 대비는 언제나 치료보다 중요하다. 정기적인 건강검진, 건강한 생활습관 유지, 스트레스 관리 등은 암과 뇌혈관 질환 예방에 핵심적인 요소다. 보험은 이러한 예방과 대비의 마지막 안전망으로 기능한다. 따라서 단순히 보험에 가입하는 것을 넘어 적극적인 건강 관리와 함께 총체적인 접근이 필요하다.

보험 상품의 세부 조건과 보장 범위는 매년 변화한다. 따라서 최소 1~2년에 한 번씩 기존 보험 상품을 점검하고 새로운 상품과 비교 분석하는 것이 바람직하다. 의료기술의 발전, 보험사의 상품 변화, 개인의 건강 상태 변화 등을 종합적으로 고려하여 지속적으로 보험 포트폴리오를 업데이트해야 한다.

03 40대 : 안정적인 자산과 건강 관리

종신보험, 필요한 사람과 아닌 사람

가정의 주 수입원인 가장이 되면 본인의 부재로 인해 가족이 겪을 경제적 어려움에 대비해야 한다. 사망, 질병, 사고 등으로 가장이 갑작스럽게 사망하면 남겨진 가족은 생계 유지에 큰 어려움을 겪을 수 있다. 이러한 위험에 대비하는 것이 가장의 중요한 의무이며, 종신보험은 이에 대한 가장 기본적이고 확실한 안전장치다.

종신보험은 피보험자가 언제 사망하더라도 지정된 보험금을 지급하는 상품으로, 특히 자녀가 어리거나 주택담보대출과 같은 큰 부채가 있는 가정에서는 필수적인 재무 보호 수단이다.

과거 종신보험은 단순히 사망보장만을 제공했으나, 최근에는 연금전환 옵션 등을 통해 생존 시에도 활용할 수 있는 금융상품으로 진화했다. 연금전환 옵션은 일정 기간 후 해약환급금을 연금으로 전환하여 노후 자금으로 활용하는 기능이다.

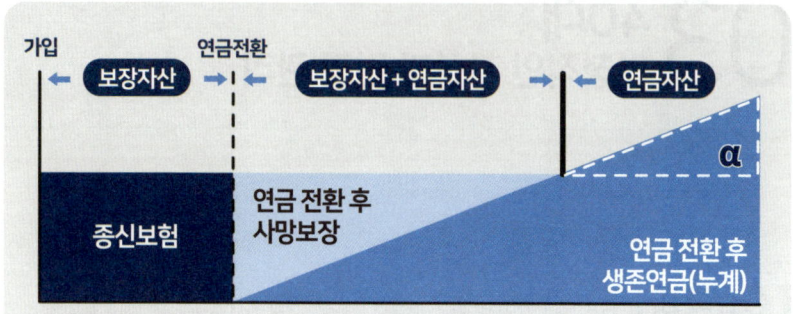

 가입 시 연금전환 특약을 선택하면 45 ~80세 사이에 연금으로 전환할 수 있으며, 확정형(10년, 20년 등 정해진 기간 지급), 종신형(평생지급), 조기집중형(초기 집중 지급 후 감소) 등의 방식으로 연금을 받을 수 있다. 이를 통해 종신보험은 사망보장과 노후 준비를 동시에 할 수 있는 상품으로 자리 잡았다.

 그러나 연금전환 시 몇 가지 유의해야 할 사항이 있다. 종신보험은 보장성 상품이므로 사업비와 위험보험료가 포함되어 있어 순수 저축성 상품보다 연금 수령액이 적을 수 있다. 또한 연금전환 후 비과세 혜택을 받으려면 10년 이상 유지 해야 하며, 보험료가 일정 기준을 초과하지 않아야 한다. 모든 종신보험이 연금 전환이 가능한 것은 아니므로, 가입 시 연금전환 특약이 포함되어 있는지 확인 하는 것이 중요하다.

 연금전환 특약이 없는 경우에도 일부 보험사는 해지 없이 적립금을 중도인출 할 수 있는 기능을 제공하며, 정부 차원에서도 과거 종신보험을 연금으로 전환할 수 있도록 정책을 추진 중이다. 따라서 기존에 가입한 종신보험이 있다면 활용 가능한 옵션을 확인하는 것이 좋다.

종신보험을 전략적으로 활용하려면 가족의 생활비, 부채, 교육비 등을 고려하여 적절한 보험금액을 설정해야 하며, 경제활동 기간 동안 보험료를 모두 납입할 수 있도록 계획하는 것이 바람직하다. 또한 연금이 필요한 시점과 필요 금액을 미리 계산하여 연금전환 시점을 고려해야 하며, 퇴직연금, 개인연금 등과 함께 활용하면 더욱 안정적인 노후 준비가 가능하다.

종신보험은 단순한 사망보장 상품을 넘어 노후 생활자금으로도 활용할 수 있는 유연한 금융상품으로 발전했다. 다만, 종신보험의 본질은 여전히 사망보장에 있으며, 순수한 노후 준비만을 목적으로 한다면 연금보험이나 다른 저축성 상품이 더 유리할 수 있다.

[종신보험 및 연금(저축성)보험의 비교안내표(예시)]

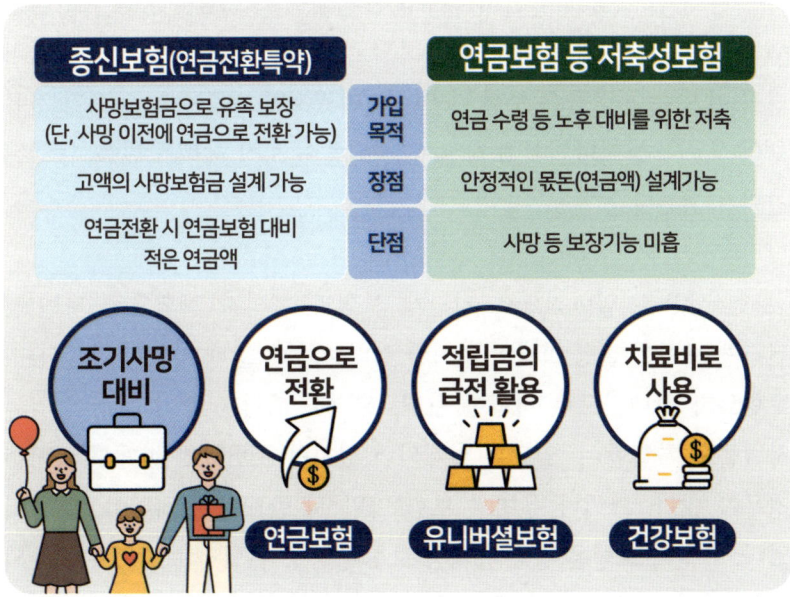

그러나 사망보장과 노후 준비를 동시에 달성하고자 한다면 연금전환 옵션이 있는 종신보험은 매우 효과적인 선택이 될 수 있다. 결국 가장

의 역할은 가족을 보호하는 것뿐만 아니라, 함께 건강한 노후를 보낼 수 있는 경제적 기반을 마련하는 것이다. 종신보험은 이 두 가지 목적을 모두 충족하는 중요한 금융 도구로, 가족의 미래를 보장하면서도 노후를 대비하는 현명한 선택이 될 수 있다.

유병자 보험의 등장

현대 사회에서는 의료 기술이 발전하면서 평균 수명이 증가하고 있지만, 동시에 만성질환을 포함한 다양한 건강 문제가 증가하고 있다. 이에 따라 건강 상태가 완벽하지 않은 사람들도 보험을 통해 보장받을 수 있도록 유병자 보험이 활성화되고 있다. 과거에는 기왕력(과거 병력)이 있는 사람들은 보험 가입이 어려웠지만, 최근에는 유병자 전용 보험 상품이 늘어나면서 보다 많은 사람들이 보장 혜택을 받을 수 있는 기회가 생겼다.

보험 상품은 일반적으로 건강체 보험과 유병자 보험으로 나뉜다. 건강체 보험은 질병 이력이 없거나 경미한 수준일 때 가입이 가능하며, 보험료가 상대적으로 저렴한 반면, 유병자 보험은 과거 병력이 있는 사람들도 가입할 수 있도록 설계되어 있지만 보험료가 높게 책정되는 경우가 많다. 그러나 유병자 보험 가입 시 반드시 유의해야 할 점이 있다. 유병자 보험은 경증 유병자 보험과 중증 유병자 보험으로 구분되며, 자신의 건강 상태에 따라 적절한 보험을 선택하는 것이 중요하다. 하지만 현실적으로 보험사는 가입자의 건강 상태에 맞는 최적의 유병자 보험을 안내하지 않는 경우가 많다.

이는 보험사가 개별 고객의 건강 정보를 적극적으로 분석하여 가장 유리한 상품을 추천하는 것이 아니라, 상대적으로 보험료가 높은 상품을 중심으로 안내하는 경향이 있기 때문이다. 따라서 유병자라면 스스로 보험 상품을 꼼꼼히 비교하고 신중하게 가입해야 한다.

[유병자 보험 종류]

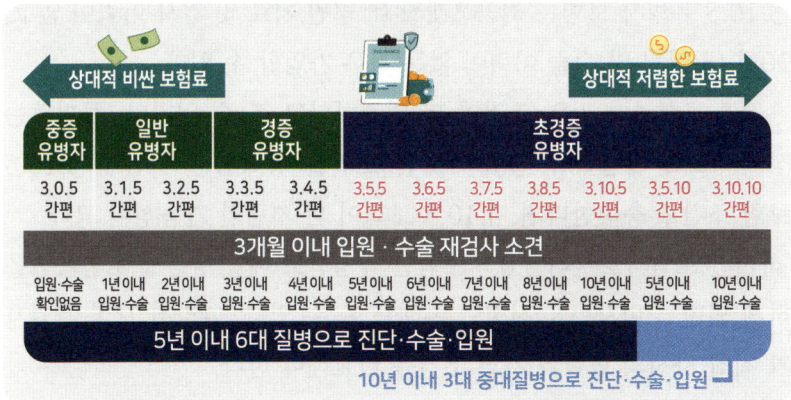

유병자 보험은 기본적으로 가입자의 건강 상태 및 병력에 따라 가입 조건이 달라지는 구조로 이루어져 있으며, 3.0.5 보험과 3.10.5 보험을 예를 들어 설명해보자.

3.0.5 유병자 보험

3.0.5 유병자 보험은 최근 3개월 내 병원 치료 및 검사 이력이 없고, 5년 내 6대 질병(암, 심장질환, 뇌혈관질환, 간경화, 만성 신장질환, 당뇨합병증)으로 수술을 받은 이력이 없는 경우 가입할 수 있다.

상대적으로 가입 요건이 덜 까다롭고, 일반 유병자 보험보다 보험료가 비싼 편이다. 유병자이지만 중증 수준에 해당하는 사람들에게 적합한 보험이다. 하지만 3.0.5 보험에 가입할 수 있는 조건을 충족하는 사람이라도 보험사에서 이를 명확히 안내하지 않는 경우가 많아, 본인이 직접 확인해야 한다.

3.10.5 유병자 보험

3.10.5 유병자 보험은 최근 3개월 내 병원 치료 및 검사 이력이 없고, 10년 내 입원 및 수술 이력이 없는 경우 가입할 수 있다.

3.0.5 보험보다 가입 조건이 더 엄격하다고 볼 수 있지만, 보험료는 상대적으로 저렴하다. 3.0.5 보험 조건을 충족하는 사람이 3.10.5 보험 조건도 충족한다면, 3.10.5 보험이 더 저렴할 가능성이 크다.

하지만 보험사로부터 3.0.5 보험만 설명받고 해당 상품에 보험가입을 하게 되면 소비자는 금전적인 손해를 볼 수 있다. 따라서 보험 가입자가 직접 자신의 병력과 가입 조건을 비교해야 한다.

유병자 보험은 앞서 상품처럼 종류별로 가입 조건이 다를 수 있으며, 상황에 따라 더 저렴한 보험에 가입할 수 있음에도 불구하고 보험사가 이를 안내하지 않을 수 있다. 따라서 가입자는 최근 병원 방문 이력, 검사 이력, 입원 및 수술 여부를 직접 확인하고 자신이 가입할 수 있는 유병자보험을 선택해야 한다.

유병자 보험은 일반 건강체 보험보다 보험료가 높지만, 자신의 건강 상태에 비해 필요 이상으로 높은 보험료를 내지 않도록 가입 조건을 잘 따져야 한다. 더 저렴한 보험에 가입할 수 있음에도 비싸고 불필요한 유병자 보험을 추천받을 수 있으므로 신중해야 한다.

[대표적인 예외질환]

감염성 질환

- 콜레라
- 살모넬라 감염
- 식중독
- 아메바증
- 장염
- 폐결핵
- 렙토스피라병
- 동물매개 세균성 질환
- 마이코박테리움감염
- 바르토넬라, 기타세균감염
- 임질
- 클라미디아감염
- 편모충증, 재귀열
- 기타 성병
- 스피로헤타감염, 리케차병
- 발진티푸스
- 증추신경계 바이러스감염
- 단순 헤르페스 감염
- 수두
- 홍역(합병증무)
- 바이러스사마귀
- 돌발성 발진
- 수족구병
- 급성 A형 간염
- 급성 B형 간염
- 볼거리
- 기타 바이러스 질환
- 기타 바이러스 감염
- 피부진균증
- 칸디다증
- 기타 곰팡이균 감염

근골격계 질환

- 외상성 관절병증
- 기타 관절염
- 무릎관절증
- 손가락관절증
- 기타 척추병증
- 척추협착
- 경추두개증후군
- 요통, 등통증
- 경추상완증후군
- 골부착부병증
- 드퀘르뱅병
- 무릎 연골질환
- 회전근개증후군
- 섬유근통
- 내측상과염
- 외측상과염
- 기타 원발성 무릎관절증
- 손가락, 발가락 후천성변형
- 후천성 사지길이 차이
- 무릎반월상연골 파열
- 추간판질환(경추, 율추, 요추, 천추)
- 디스크(추간판탈출증)
- 기타 섬유모세포, 연조직질환
- 오금의 윤활막낭[베이커]
- 어깨의 유착성
- 관절낭염(오십견)
- 다발성 골부착부병증
- 근육긴장, 기타이상

순환계 질환

- 고혈압
- 정맥염
- 하지정맥류
- 기타부위 정맥류

내분비계 질환

- 갑상선기능저하증
- 갑상선염
- 영양결핍, 영양소 부족
- 갑상선 위축
- 갑상선의 기타 장애
- 수분, 내분비대사장
- 갑상선 결절
- 당뇨병
- 고지혈증

소화기계 질환

- 치질
- 식도염
- 위궤양
- 급성 위염
- 충수염
- 탈장
- 위장염
- 대장게실
- 변비
- 치핵
- 복막염
- 담석증
- 담낭염
- 위-식도역류병
- 기능성 소화불량
- 과민성 대장증후군
- 항문직장누공, 농양
- 직장농양
- 항문농양
- 담낭의 기타질환

04 50대 이상 : 노후와 의료비 대비

  50대는 노후 준비의 황금기이자 마지막 기회다. 이 시기에 장기요양 보험과 연계하여 간병보험을 준비하는 것은 단순한 선택이 아닌 필수적인 노후 대비책이다. 인생의 황혼기를 어떻게 보낼지는 중년기의 선택에 달려 있으며, 건강과 재정 모두를 고려한 체계적인 계획이 필요하다.

  나이가 들수록 의료비는 급격히 증가하는 반면, 소득은 감소하는 역설적 상황에 직면하게 된다. 특히 장기요양이 필요한 상황이 발생하면 개인과 가족 모두에게 감당하기 어려운 경제적·정신적 부담이 가중된다. 국민건강보험공단의 통계에 따르면, 65세 이상 노인의 의료비는 젊은 세대보다 5~7배 높으며, 장기요양이 필요한 경우 월 평균 200만 원 이상의 비용이 발생한다. 이는 일반 가정의 월 생활비를 훨씬 웃도는 금액으로, 준비 없이 맞이할 경우 가족 전체의 경제적 기반이 흔들릴 수 있다.

  우리나라의 고령화 속도는 OECD 국가 중 가장 빠른 수준으로, 2025년에는 초고령사회에 진입할 것으로 예상된다. 평균 수명은 늘어나는데 건강 수명은 그에 미치지 못해 '얼마나 오래 사느냐'보다 '얼마나 건강하게 사느냐'가 중요한 문제로 대두되고 있다. 통계에 따르면 한국인의 평균 수명은 83세지만 건강수명은 73세로, 평균적으로 10년 정도는 누군가의 도움이 필요한 상태로 살아가게 된다.

장기요양보험과 간병보험

공적 제도인 장기요양보험만으로는 실질적 간병 비용을 모두 충당할 수 없다. 장기요양보험은 요양시설 이용비와 방문요양 서비스를 부분적으로 지원하지만, 본인 부담금이 발생하고 간병인 비용은 포함되지 않는 한계가 있다. 예를 들어, 장기요양 1등급을 받더라도 요양시설 입소 시 월 60~80만 원의 본인 부담금이 발생하며, 추가 서비스나 고급 시설을 이용할 경우 비용은 더욱 증가한다. 특히 인지지원등급 판정을 받은 경증 치매 환자의 경우, 방문요양 서비스를 이용할 수 없고 시설 입소도 불가능하여 가족의 돌봄 부담이 가중된다.

50대에 간병보험을 준비해야 하는 가장 큰 이유는 나이가 들수록 보험 가입 자체가 어려워지기 때문이다. 65세 이후에는 건강상태에 따라 보험 가입이 거절되거나, 가입이 가능하더라도 보험료가 50대 가입 대비 2~3배 이상 높아진다. 실제로 60세 이후에는 고혈압, 당뇨와 같은 기저질환이 있을 경우 간병보험 가입이 제한되는 경우가 많다. 건강검진에서 이상 소견이 발견되면 인수 거절이나 보험료 할증의 위험도 커진다. 따라서 비교적 건강한 50대에 미리 준비하는 것이 경제적으로도 훨씬 유리하다.

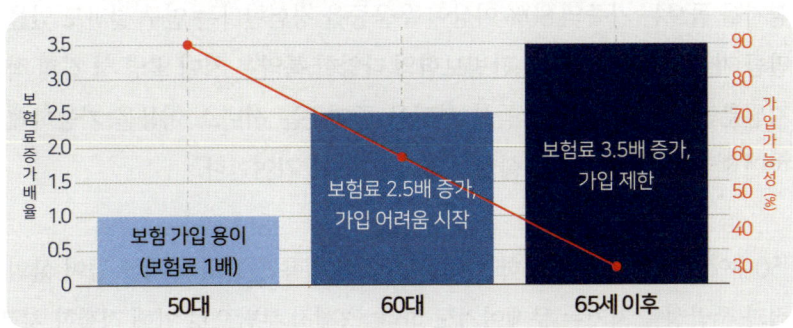

[연령대별 간병보험 가입 가능성 및 보험료 차이]

재가급여지원특약을 포함한 간병보험은 장기요양등급 판정 후 재가급여 서비스 이용 시 추가적인 금전적 지원을 받을 수 있어 매우 유용하다. 주·야간보호급여, 단기보호급여, 복지용구 대여 및 구매 등 다양한 서비스를 더 적은 부담으로 이용할 수 있으며, 이는 특히 치매와 같은 인지장애를 앓고 있는 환자와 그 가족에게 큰 도움이 된다. 예를 들어, 치매 환자가 주간보호센터를 이용할 경우 보호자는 낮 시간 동안 자신의 일상을 유지할 수 있고, 환자는 전문적인 인지 재활 프로그램을 받을 수 있어 치매 진행 속도를 늦출 수 있다.

최근 간병보험 시장에서는 장기요양보험과 연계한 다양한 특약들이 출시되고 있다. 재가급여지원특약 외에도 시설급여지원특약, 데이케어센터이용특약 등을 활용하면 요양시설 이용부터 재가 요양, 주간 보호 서비스까지 폭넓게 대비할 수 있다. 특히 주목할 만한 것은 장기요양 인정 점수에 따라 보험금이 차등 지급되는 방식의 상품들로, 중증도에 따라 더 많은 지원을 받을 수 있도록 설계되어 있다. 이러한 특약들은 공적 제도의 부족한 부분을 보완하여 더욱 촘촘한 노후 의료 안전망을 구축할 수 있게 한다.

치매는 현대 사회에서 가장 두려운 노인성 질환 중 하나로, 65세 이상 노인의 10명 중 1명이 앓고 있으며 나이가 들수록 발병률이 급증한다. 치매 환자를 돌보는 가족의 80% 이상이 우울증을 경험한다는 연구 결과도 있을 만큼 가족의 부담이 크다. 간병보험의 다양한 특약은 치매 발병 시 경제적 지원뿐만 아니라 가족의 돌봄 부담을 줄여주는 서비스 이용을 가능하게 하여 환자와 가족 모두의 삶의 질을 높이는 데 기여한다.

50대에 간병보험을 준비하는 것은 단순히 비용 절감의 문제를 넘어 삶의 질과 존엄성을 지키는 문제이기도 하다. 경제적 부담으로 인해 적절한 치료와 돌봄을 받지 못하는 상황은 환자와 가족 모두에게 큰 고통을 안겨주기 때문이다. 미리 준비된 간병보험은 이러한 상황에서 양질의 의료 서비스와 돌봄을 선택할 수 있는 자유를 제공한다. 또한 가족들이 환자를 직접 돌보아야 하는 부담에서 벗어나 정서적 지지자로서의 역할에 집중할 수 있게 해주어 가족 관계의 질을 유지하는 데도 도움이 된다.

 결론적으로, 50대에 장기요양보험과 연계하여 간병보험을 준비하는 것은 노후의 불확실성에 대비하는 가장 현명한 선택이다. 건강할 때 준비하는 간병보험은 미래의 의료비 부담을 크게 줄이고, 질병이 발생하더라도 경제적 걱정 없이 적절한 치료와 돌봄을 받을 수 있게 한다. 이는 본인의 노 후 삶의 질을 높일 뿐만 아니라, 가족들의 부담도 크게 덜어주는 중요한 준비이다.

은퇴 설계를 위한
연금보험

 은퇴설계는 젊을 때부터 준비해야 하는 장기적인 재무계획으로, 그 중심에는 안정적인 노후 수입원 확보가 있다. 연금보험은 이러한 노후 준비의 핵심 수단으로, 근로소득이 중단된 은퇴 이후에도 정기적인 수입을 보장해주는 금융상품이다. 현대사회에서 평균 수명이 늘어나고 노후 기간이 길어지면서 연금보험의 중요성은 더욱 커지고 있다. 특히 우리나라는 OECD 국가 중 노인 빈곤율이 가장 높은 편에 속하기 때문에, 충분한 노후 자금 마련을 위한 체계적인 계획이 필수적이다.

 연금보험은 크게 공적연금과 사적연금으로 구분되며, 이 중 사적연금에 해당하는 개인연금은 국민연금만으로는 부족한 노후 자금을 보완하는 역할을 한다. 개인연금 중에서도 연금보험은 보험사가 제공하는 상품으로, 장수 리스크를 대비할 수 있고 적립금에 대한 안정성을 보장받을 수 있다는 장점이 있다. 연금보험의 종류는 운용 방식, 연금 지급 방식, 납입 방식 등에 따라 다양하게 나뉘어 개인의 상황과 필요에 맞게 선택할 수 있다.

 운용 방식에 따른 연금보험 종류를 살펴보면, 먼저 금리연동형 연금보험은 보험사의 공시이율에 따라 연금액이 결정되는 상품이다. 시중 금리 흐름에 따라 수익률이 변동하지만, 최저보증이율이 적용되어 일정 수준 이하로 수익이 떨어지지 않도록 안전장치가 마련되어 있다. 이는 안정적인 수익을 원하는 보수적인 투자자에게 적합하다. 반면 변액연금보험은 납입한 보험료의 일부를 펀드에 투자하여 그 실적에 따라 연금액이 결정되는 상품이다. 주식, 채권 등 다양한 자산에 분산 투자하므로 금리연동형보다 높은 수익을 기대할 수 있지만, 그만큼 투자 위험도 존재한다. 다만 최저보증옵션을 선택할 경우 원금의 일정 부분은 보장받을 수 있어 안전망이 있다.

[연금저축보험과 연금보험 비교]

구분	연금저축보험	연금보험
별명	13월의 월급 보험	NO 세금 보험
세액공제 혜택 (연말정산)	1년간 낸 보험료의 13.2% ~ 16.5%	없음
연금을 받을 때 떼는 세금	5.5% ~ 3.3%	없음
보험을 해지할 때 내는 세금	5년 안에 해지하면 발생	없음
세금혜택을 받기 위한 연금 개시 연령	만 55세 이후 (수령 시기 선택 가능)	만 45세 이후 (수령 시기 선택 가능)

 연금 지급 방식에 따라서는 종신연금형, 확정기간형, 상속형으로 구분된다. 종신연금형은 가입자가 사망할 때까지 평생 연금을 받을 수 있는 상품으로, 장수 리스크를 완벽하게 대비할 수 있는 장점이 있다. 일반적으로 10~20년의 보증기간을 설정하면 가입자가 보증기간 내에 사망하더라도 지정한 수익자에게 남은 기간 동안 연금이 지급된다. 확정기간형은 미리 정해진 기간(10년, 20년 등) 동안만 연금을 받는 방식으로, 동일한 적립금액 대비 종신형보다 월 연금액이 많다는 장점이 있다. 하지만 설정한 기간이 지나면 연금 지급이 중단되므로 장수 리스크에 취약하다. 상속형은 연금개시 후에도 사망 시점의 적립금을 수익자에게 상속할 수 있는 상품으로, 월 연금액은 다른 유형보다 적지만 상속 자산을 남기고자 하는 가입자에게 적합하다.

납입 방식에 따라서는 즉시형과 거치형으로 나눌 수 있다. 즉시형 연금보험은 일시금을 납입하고 바로 다음 달부터 연금을 받을 수 있는 상품으로, 퇴직금이나 목돈이 생겼을 때 노후 수입원을 즉시 마련할 수 있다. 거치형 연금보험은 일정 기간 보험료를 납입한 후 연금 개시 시점까지 적립하다가 이후 연금을 받는 방식으로, 장기간 분산 납입을 통해 노후 자금을 준비할 수 있다.

연금보험은 세제 혜택 여부에 따라 세제적격 연금과 세제비적격 연금으로도 구분된다. 세제적격 연금에는 연금저축보험이 해당되며, 연간 납입액의 일정 비율에 대해 세액공제 혜택을 받을 수 있다. 현재 기본적으로 납입액의 13.2%(지방소득세 포함)가 세액공제되며, 종합소득이 4,500만원 이하인 경우에는 16.5%의 공제율이 적용된다. 다만 연금 수령 시에는 연금소득세가 부과되며, 수령 기간과 나이에 따라 3.3%~5.5%의 세율이 적용된다. 또한 세제적격 연금은 중도 해지 시 기타소득세가 부과되고, 연금 수령액에 제한이 있어 유동성이 제한된다.

반면 세제비적격 연금은 일반연금보험이 해당되며, 납입 시 세액공제 혜택은 없지만 연금 수령 시 이자소득세가 면제되는 장점이 있다. 특히 10년 이상 유지하고 총 납입 보험료가 연금 수령액의 20% 이상인 경우, 또는 납입기간이 5년 이상이고 10년 이상 연금을 수령하는 경우에는 이자소득세가 전액 비과세된다. 또한 중도 해지 시 원금에 대해서는 과세하지 않으며, 연금 수령액에 제한이 없어 유동성 측면에서 유리하다.

연금보험을 선택할 때는 자신의 재정 상황과 은퇴 목표에 맞는 상품을 고르는 것이 중요하다. 소득이 많고 세금 부담이 큰 사람이라면 세제적격 연금을 통해 세액공제 혜택을 받는 것이 유리하다. 반면 장기적으로 노후자금을 마련하면서 유동성을 확보하고 싶거나, 연금 수령 시 세금 부담을 최소화하고 싶은 사람에게는 세제비적격 연금이 적합할 수 있다. 또한 위험 감수 성향에 따라 안정적인 금리연동형과 수익 추구형 변액연금 중 선택할 수 있고, 장수 리스크 대비를 위해서는 종신형을, 상속 계획을 중요시한다면 상속형을 고려할 수 있다.

효과적인 은퇴설계를 위해서는 단일 연금상품에 의존하기보다 다양한 연금을 조합하는 포트폴리오 접근법이 바람직하다. 국민연금을 기초로 하고, 퇴직연금과 개인연금을 적절히 조합하여 '3층 연금 체계'를 구축하는 것이 노후 빈곤 위험을 줄이는 안전한 방법이다. 특히 연금보험은 납입 기간이 길수록 복리 효과가 커지므로, 가능한 한 젊을 때부터 시작하는 것이 유리하다. 20대에 시작한 연금과 40대에 시작한 연금은 동일한 월 납입액을 가정해도 은퇴 시점의 적립금액에서 큰 차이가 발생한다.

[3층 연금 체계]

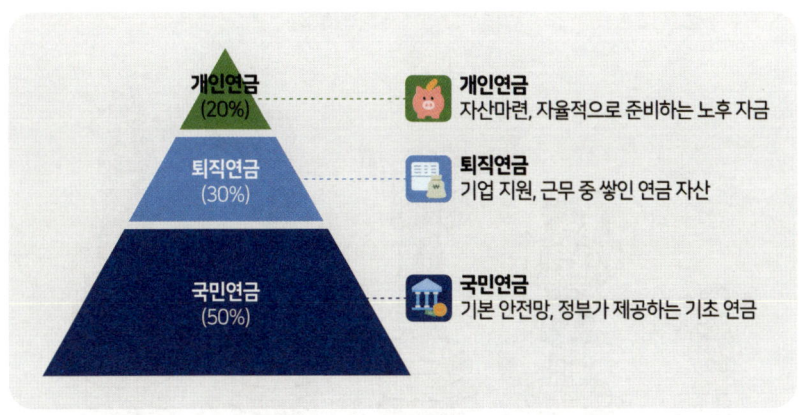

또한 연금보험 가입 후에도 정기적인 점검과 조정이 필요하다. 경제 상황, 금리 변동, 개인의 재정 상태 변화에 따라 납입금액을 조정하거나 상품을 재구성하는 유연한 대처가 중요하다. 특히 변액연금의 경우 정기적으로 펀드 성과를 확인하고 필요시 펀드 구성을 조정하는 것이 바람직하다. 이런 과정을 통해 은퇴 후 삶의 질을 보장하기 위한 충분한 연금 소득을 준비할 수 있다.

연금보험은 단순한 저축이나 투자 상품이 아닌, 생애 전체를 아우르는 재무설계의 핵심 요소이다. 평균 수명이 계속 늘어나는 현대사회에서 충분한 노후 자금 없이 은퇴를 맞이하는 것은 큰 위험이 될 수 있다. 연금보험을 통한 계획적인 노후 준비는 미래의 경제적 불안을 해소하고, 은퇴 후에도 존엄성을 유지하며 질 높은 삶을 영위할 수 있게 하는 중요한 준비이다.

05 특수한 상황에서의 보험 설계

보험은 미래의 불확실성에 대비하는 필수적인 안전장치이다. 그러나 모든 사람에게 동일한 보험 전략이 효과적인 것은 아니다. 개인이나 가정의 특수한 상황에 따라 필요한 보장과 우선순위가 달라지기 때문이다. 이 글에서는 싱글, 다자녀 가정, 한부모 가정 각각의 특성을 고려한 맞춤형 보험 전략에 대해 살펴보고자 한다.

싱글을 위한 보험 전략

싱글은 배우자나 자녀와 같은 부양가족이 없어 상대적으로 재정적 부담이 적을 수 있다. 그러나 경제적 위기 상황에서 의지할 수 있는 가족 구성원이 제한적이라는 점에서 오히려 더 철저한 대비가 필요하다. 특히 질병이나 상해로 인해 소득이 중단될 경우, 이를 보완할 수 있는 대체 소득원이 없다는 점이 가장 큰 위험 요소이다.

싱글에게 가장 중요한 보험은 건강과 관련된 보험이다. 국민건강보험만으로는 모든 의료비를 충당하기 어렵기 때문에, 실손의료보험을 통해 보장 범위를 확대하는 것이 중요하다. 특히 직장에서 제공하는 단체 건강보험이 없는 경우, 개인 실손의료보험은 필수적이다.

실손의료보험은 입원비, 수술비, 약제비 등 의료비 부담을 크게 줄여줄 수 있다. 싱글은 소득 중단 시 대체할 수 있는 가족 지원이 제한적이므로, 소득 보장 보험이 중요하다. 질병이나 상해로 인해 일을 할 수 없게 되는 경우, 소득보장보험은 일정 기간 동안 수입을 대체해 줄 수 있다. 상해보험, 질병보험, 소득보상보험 등이 여기에 포함된다. 특히 장기간 소득 활동이 불가능한 경우를 대비한 장기소득보상보험을 고려해볼 수 있다.

싱글은 노후에 배우자의 도움 없이 혼자 생활해야 할 가능성이 높다. 따라서 은퇴 후 안정적인 수입을 보장하기 위한 연금보험이나 저축성 보험에 일찍부터 가입하는 것이 중요하다. 국민연금만으로는 충분한 노후 자금을 마련하기 어려우므로, 개인연금이나 퇴직연금 등을 통해 추가적인 노후 자금을 준비해야 한다.

많은 싱글들이 반려동물과 함께 생활하며 정서적 유대감을 형성한다. 반려동물의 질병이나 상해는 예상치 못한 큰 비용을 발생시킬 수 있으므로, 펫보험을 고려해볼 수 있다. 펫보험은 반려동물의 치료비, 수술비 등을 보장해주어 경제적 부담을 줄여준다.

싱글을 위한 보험을 설계할 때는 미래의 변화 가능성을 고려해야 한다. 결혼이나 자녀 출산 등 생애주기 변화에 따라 보험 필요성이 달라질 수 있으므로, 필요에 따라 보장을 확대하거나 축소할 수 있는 유연성이 중요하다. 또한 직장에서 제공하는 복지혜택이나 단체보험을 최대한 활용하는 것도 비용 효율적인 전략이다.

다자녀 가정을 위한 보험 전략

다자녀 가정은 교육비, 생활비 등 고정 지출이 많아 재정적 부담이 크다. 또한 가족 구성원이 많을수록 질병이나 사고 발생 확률도 높아진다. 특히 주 소득원의 상실은 가족 전체의 생계를 위협할 수 있는 심각한 위험 요소이다. 다자녀 가정은 가족 구성원 모두를 위한 건강보험이 중요하다.

[가족 구성원의 보험 포트폴리오]

부모	자녀	가정 전체
생명보험	실손보험	화재보험
건강보험	교육보험	배상책임보험
실손보험	-	-

특히 자녀들의 질병이나 상해는 예상치 못한 의료비를 발생시킬 수 있으므로, 가족형 실손의료보험을 통해 의료비 부담을 줄이는 것이 좋다. 최근에는 가족 단위로 가입할 경우 보험료 할인 혜택을 제공하는 상품도 있으므로, 이를 활용하면 비용 효율적이다.

다자녀 가정에서는 자녀들의 교육비 마련이 큰 부담이 될 수 있다. 교육보험은 자녀의 교육 자금을 계획적으로 준비할 수 있도록 도와준다. 특히 학자금, 결혼 자금 등 미래에 발생할 큰 지출에 대비하기 위한 저축성 보험을 고려해볼 수 있다. 다만, 다자녀 가정의 경우 모든 자녀에게 동일한 수준의 교육보험을 가입하기는 현실적으로 어려울 수 있으므로, 가정 상황에 맞게 우선순위를 정하는 것이 중요하다.

다자녀 가정에서는 부모, 특히 주 소득원의 생명보험이 매우 중요하다. 부모가 사망하거나 심각한 질병에 걸릴 경우, 남겨진 가족의 생활비와 자녀들의 교육비를 보장해줄 수 있는 안전장치가 필요하다. 종신보험은 평생 동안 보장이 유지되는 반면, 정기보험은 일정 기간(예: 자녀들이 성인이 될 때까지) 동안만 보장하지만 보험료가 저렴하다. 가정의 재정 상황과 필요에 따라 적절한 유형을 선택해야 한다.

 다자녀 가정은 주택 내 사고나 화재 위험이 상대적으로 높을 수 있다. 주택화재보험은 화재로 인한 재산 손실을 보상해주며, 배상책임보험은 가족 구성원이 타인에게 손해를 입힌 경우 법적 책임을 보장해준다. 특히 어린 자녀들이 있는 가정에서는 예상치 못한 사고로 인한 배상책임 위험이 있으므로, 이에 대한 대비가 필요하다.

 다자녀 가정은 보험료 부담이 클 수 있으므로, 비용 대비 효율성을 고려한 보험 설계가 중요하다. 모든 가족 구성원에게 동일한 수준의 보장을 제공하기보다는, 각자의 상황과 필요에 맞게 보장을 조정하는 것이 효율적이다. 또한 가족 단위로 가입 시 할인 혜택을 제공하는 보험 상품을 활용하면 비용을 절약할 수 있다.

한부모 가정을 위한 보험 전략

한부모 가정은 소득원이 한 명뿐이라는 점에서 재정적 취약성이 크다. 주 양육자인 부모의 질병, 상해, 사망 등은 자녀의 생계와 미래에 직접적인 영향을 미칠 수 있는 심각한 위험 요소이다. 또한 시간적, 경제적 제약으로 인해 충분한 저축이나 투자가 어려울 수 있어, 보험을 통한 위험 관리가 더욱 중요하다. 한부모 가정에서는 부모의 생명보험이 가장 중요하다. 부모가 사망할 경우, 자녀의 생계와 교육을 위한 재정적 안전망이 필요하기 때문이다. 종신보험이나 정기보험을 통해 충분한 사망보험금을 설정하는 것이 중요하다. 또한 질병이나 상해로 인해 소득 활동이 불가능해질 경우를 대비한 소득보장보험도 필수적이다. 특히 장해소득보장보험은 장애로 인해 소득 활동이 어려워질 경우 꾸준한 수입을 보장해준다.

한부모 가정에서는 주 양육자의 건강이 가정 경제의 핵심이므로, 건강 관련 보험이 매우 중요하다. 국민건강보험과 함께 실손의료보험을 통해 의료비 부담을 최소화해야 한다. 또한 중대 질병에 대비한 특약(예: 암, 뇌졸중, 심근경색 등)을 추가하여 보장 범위를 확대하는 것이 좋다. 한부모 가정에서는 자녀의 미래를 위한 준비가 더욱 중요하다. 교육보험을 통해 자녀의 학자금을 미리 준비할 수 있으며, 양육보험은 부모의 사망 시 자녀의 양육비를 보장해준다. 특히 후견인 지정 등 법적 장치와 함께 보험을 활용하여 자녀의 미래를 체계적으로 준비하는 것이 중요하다.

한부모 가정에서는 주 양육자가 장기간 질병이나 장애로 인해 돌봄이 필요한 상황에 대비해야 한다. 장기요양보험이나 간병보험은 이러한 상황에서 돌봄 서비스 비용을 보장해준다. 이를 통해 자녀에게 간병 부담이 전가되는 것을 방지하고, 전문적인 돌봄 서비스를 받을 수 있다. 한부모 가정을 위한 보험을 설계할 때는 자녀의 나이와 부모의 연령을 고려해야 한다. 자녀가 어릴수록 더 장기간의 보장이 필요하며, 부모의 연령이 높을수록 보험료가 증가할 수 있으므로 조기에 가입하는 것이 유리하다. 또한 한정된 예산 내에서 최대한의 보장을 받기 위해 우선순위를 설정하고, 필요에 따라 보장을 조정하는 유연한 접근이 필요하다.

[생명보험 & 소득보장보험 비교]

	생명보험(종신/정기)	소득보장보험
보장 내용	사망 시 보험금 지급	질병/장애 시 월급 보장
중요도	매우 높음	매우 높음
가입 이유	자녀 보호	소득 지속성 확보

PART 3
보험의 다양한 조각들

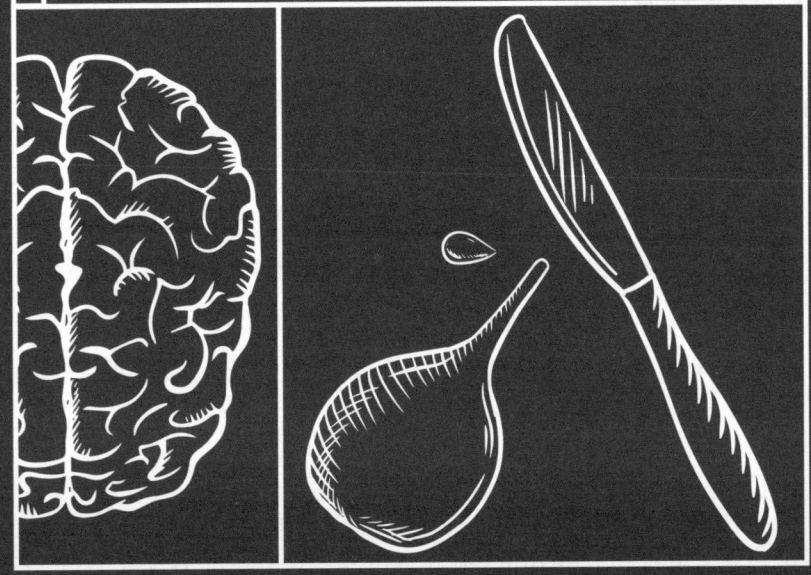
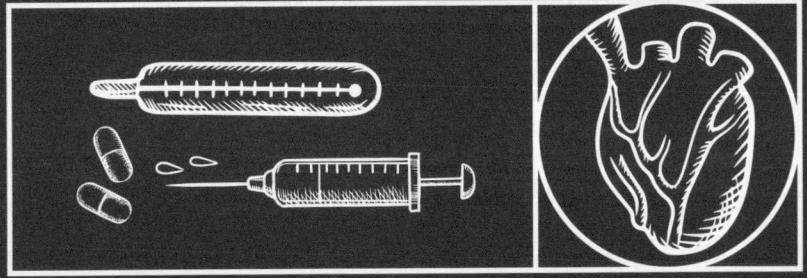

01 가장 많은 조회수 TOP 10

| 실손보험 갱신 시
| 보험료 폭등 해결법

실손보험, 이제는 선택이 필요한 시대

 2000년대 초반 실손의료보험이 등장했을 때만 해도 '보험의 꽃'이라 불렸다. 병원에 가서 치료를 받고 영수증만 제출하면 본인부담금을 제외한 나머지 금액을 돌려받을 수 있는 간단한 구조였다. 당시에는 월 1만 원 내외의 합리적인 보험료로 가입할 수 있었기에 "실손 하나만 있으면 든든하다"는 말이 나올 정도였다.

 하지만 최근 실손보험 갱신 시 경험하는 보험료 폭등은 많은 가입자들을 당혹스럽게 만들고 있다. 갱신 때마다 20~30%씩 오르다 보니 15년 이상 유지한 가입자들은 처음 가입했을 때보다 5~10배 이상의 보험료를 내게 되는 경우도 흔하다. 60대 이상 고령층의 경우 월 보험료가 10만 원을 훌쩍 넘어가는 경우도 적지 않다.

 나는 10년 가까이 보험설계사로 일하면서 많은 고객들이 실손보험 갱신 시 겪는 어려움을 지켜봐 왔다. 이제는 단순히 "실손보험은 꼭 필요하니 무조건 유지하세요"라고 말하기 어려운 시대가 되었다. 실손보험의 대안과 현명한 선택에 대한 고민이 필요한 시점이다.

실손보험료 폭등의 원인

실손의료보험 보험료가 급격히 상승하는 주요 원인은 다음과 같다.

첫째, 의료 이용량의 증가이다. 병원 접근성이 좋아지고 건강에 대한 관심이 높아지면서 전반적인 의료 이용량이 증가했다. 특히 실손보험 가입자의 경우 미가입자보다 병원 방문 횟수가 약 1.5배 높다는 통계도 있다.

둘째, 고령화로 인한 의료비 증가다. 고령 인구의 증가는 자연스럽게 의료비 지출 증가로 이어지고 있다.

셋째, 일부 비급여 진료의 과잉 청구 문제가 있다. 실손보험 가입자에게 비급여 항목을 더 권장하거나, 필요 이상의 검사를 추천하는 경우가 있어 보험금 지급률이 높아지고 있다.

넷째, 2000년대 초반 출시된 실손보험 상품의 보험료가 처음부터 낮게 책정된 측면이 있다. 당시에는 실손의료보험이 생소한 시장이었기에 정확한 리스크 예측이 어려웠다.

이러한 요인들이 결합되어 실손보험의 손해율이 지속적으로 100%를 넘어섰고, 보험사들은 생존을 위해 보험료를 인상할 수밖에 없는 상황에 놓이게 되었다.

실손보험료 폭등 대응 전략

1. 실손보험 유지 여부 결정하기

실손보험 갱신 고지서를 받았을 때 가장 먼저 해야 할 일은 '이 보험을 계속 유지할 것인가?'에 대한 판단이다. 이는 다음 사항들을 고려하여 결정해야 한다.

현재 나이와 건강 상태: 나이가 많을수록, 건강 문제가 있을수록 실손보험의 필요성이 높아진다.
경제적 여력: 인상된 보험료를 부담할 수 있는지 고려해야 한다.
의료 이용 패턴: 병원을 자주 가는 편인지, 주로 어떤 진료를 받는지 확인한다.
다른 보장 여부: 직장 단체보험이나 다른 형태의 의료비 보장이 있는지 점검한다.

예를 들어, 50대 후반의 A씨는 고혈압과 당뇨로 정기적인 검진과 약물 치료를 받고 있으며, 가끔 MRI 등 비급여 검사를 받는다. 그의 실손보험료는 월 7만 원으로 인상되었지만, 연간 의료비 지출과 보험금 수령액을 계산해보니 여전히 유지하는 것이 이득이었다.
반면, 건강한 40대 중반의 B씨는 거의 병원을 가지 않고 건강검진도 직장에서 제공하는 서비스를 이용한다. 그에게 월 5만 원의 실손보험료는 큰 부담이었고, 결국 해지를 선택했다.

[실손보험 유지 여부 체크리스트]

- ☑ 건강 상태 확인
- ☑ 병원 이용 횟수 점검
- ☑ 보험금 수령 여부 확인
- ☑ 보험료 부담 가능성 체크
- ☑ 중복 보장 유무 확인
- ☑ 재가입 어려움 인지

2. 실손보험의 구조적 특성 이해하기

실손보험을 해지할지 유지할지 고민하기 전에, 우리가 가입한 실손보험의 구조적 특성을 이해하는 것이 중요하다.

기존(구) 실손의료보험의 특징:

갱신 주기: 1년 또는 3년마다 갱신
보장 범위: 입원과 통원이 하나로 묶여 있음
보험료 인상: 전체 가입자의 손해율에 따라 결정됨
만기: 대부분 100세 만기

신실손의료보험(2017년 4월 이후)의 특징:

갱신 주기: 1년 갱신
보장 범위: 입원과 통원이 분리되어 선택 가능
보험료 인상: 연령별, 성별 손해율에 따라 차등 적용
비급여 자기부담금: 기존 10%에서 20%로 상향

특히 구실손의 경우, 해지 후 재가입 시 새로운 실손보험으로만 가입이 가능하며, 나이가 많을수록 보험료가 높게 책정되고 심사도 까다로워진다. 따라서 해지 결정은 신중하게 내려야 한다.

3. 실손보험 대체 방안 모색하기

실손보험의 부담이 크다면 다음과 같은 대체 방안을 고려할 수 있다.

① 실손보험 축소 운영

실손보험을 완전히 해지하는 대신 보장 범위를 조정하는 방법이다.
- 통원의료비만 해지하고 입원의료비만 유지하기
- 본인부담금 비율을 높이는 옵션 선택하기 (신실손의 경우)
- 특약 중심으로 재구성하고 실손은 최소화하기

예를 들어, C씨(53세)는 월 6만 원이었던 실손보험료가 8만원으로 인상 되자, 통원의료비 특약만 해지하고 입원의료비만 유지했다. 대신 일반적인 외래 진료는 직접 부담하고, MRI나 내시경 같은 고가 검사가 필요할 때는 입원 치료로 전환하는 방식을 택했다.

② 수술비, 입원비 등 정액보험으로 대체

실손의료보험이 실제 발생한 의료비를 보장하는 '실손보상' 방식이라면, 정액보험은 보험사고 발생 시 미리 정해진 금액을 지급하는 방식이다.
- 수술비 특약: 수술 종류별로 정해진 금액 지급
- 입원일당: 입원 일수에 따라 정해진 금액 지급
- 진단비: 특정 질병 진단 시 정해진 금액 지급

정액보험의 장점은 보험료가 상대적으로 저렴하고, 갱신 시에도 인상

폭이 적으며, 중복 가입이 가능하다는 점이다. 또한 보험금 사용에 제한이 없어 치료비 외에도 생활비, 간병비 등으로 활용할 수 있다.

D씨(47세)는 실손보험을 해지하는 대신 수술비 특약(1종 수술 500만 원~5종 수술 100만 원)과 입원일당(3만 원)을 가입했다. 월 보험료는 2만 원 수준으로 실손보험보다 훨씬 저렴했다. 큰 수술이나 장기 입원 시 충분한 보장을 받을 수 있었고, 일반 통원 치료는 본인이 직접 부담하기로 했다.

③ 실비 보장 포함된 단체보험 활용하기

직장인이라면 회사에서 제공하는 단체보험을 최대한 활용하는 것도 좋은 방법이다. 일부 기업에서는 직원들에게 실손의료보험이 포함된 단체보험을 제공하며, 이 경우 개인 실손보험의 필요성이 줄어든다.

E씨(35세)는 입사한 회사에서 실손의료보험이 포함된 단체보험을 제공받게 되자, 개인 실손보험을 해지하고 대신 암 진단비와 수술비 특약만 추가로 가입했다. 퇴사할 경우를 대비해 단체보험의 전환 옵션도 미리 확인해두었다.

④ 본인의 의료 패턴에 맞는 특화된 보험상품 선택하기

개인의 건강 상태와 의료 이용 패턴을 분석하여 맞춤형 보험을 설계하는 것도 좋은 방법이다.

- 특정 질환이 우려된다면 해당 질환 관련 진단비, 수술비를 강화
- 고액 치료가 예상되는 중증질환 보장에 집중
- 일상적인 의료비는 저축을 통해 대비

F씨(42세, 여성)는 가족력으로 인해 여성 특정암 발병 확률이 높았다. 그녀는 실손보험 대신 여성 특정암 진단비(5천만 원), 항암치료비, 수술

비를 중심으로 보험을 설계했다. 월 보험료는 4만 원 수준으로 실손보험보다 저렴했고, 정작 걱정하는 암 치료에 더 집중된 보장을 받을 수 있었다.

[보험금 유형별 세금 부과 여부 비교]

의료 패턴 유형	추천 전략	예시 상품
병원 자주 이용	실손보험 유지 + 고빈도 진료 특약	실손보험 + 통원특약 등
병원 거의 안 감	실손보험 축소 or 해지 + 저축 병행	진단비 중심 보장 + 저축플랜
특정 질환 우려	질환 특화형 보장 강화	암 진단비, 수술비, 항암치료비 등
고액 치료 걱정	중대 질병 위주 보장 집중	중증질환 특약, 종합 건강보험 등

실손의료보험은 한때 '보험의 꽃'이라 불렸지만, 이제는 모든 사람에게 필수품이라고 말하기 어려워졌다. 보험료 부담이 커지면서 개인의 상황에 맞게 실손보험을 유지할지, 다른 대안을 찾을지 '선택'이 필요한 시대가 되었다.

보험은 결국 위험에 대비하는 도구다. 어떤 도구가 가장 효율적인지는 각자의 상황과 필요에 따라 달라질 수밖에 없다. 실손보험이 부담되더라도 꼭 필요한 사람이 있는 반면, 다른 형태의 보장이 더 효율적인 사람도 있다.

보험조각가로서 나의 조언은 단순하다. 자신의 건강 상태, 의료 이용 패턴, 경제적 여력을 고려하여 본인에게 가장 적합한 보장을 '조각'하듯 설계하라는 것이다. 때로는 실손보험을 과감히 해지하고 새로운 보장 체계를 구축하는 것이 현명한 선택일 수 있다.

보험은 미래에 대한 불안을 덜어주는 도구이지, 그 자체가 부담이 되어서는 안 된다. 갱신 고지서를 받고 당황하기보다, 이를 계기로 본인의 보장 체계를 재점검하고 더 효율적인 방안을 모색해보는 것은 어떨까? 이제는 실손보험도 '조각'해야 할 시대가 되었다.

암보험 가입 시 놓치면 안 되는 특약

암보험, 진단비만으로는 부족하다

암보험 하면 대부분의 사람들은 '암 진단비'를 가장 먼저 떠올린다. 실제로 암 진단비는 암보험의 기본이 되는 특약이며, 암 진단 시 한 번에 목돈을 받을 수 있어 초기 치료비와 생활비 마련에 도움이 된다. 하지만 요즘 암 치료 트렌드와 비용을 고려하면 진단비만으로는 충분한 보장이 어렵다는 점을 많은 가입자들이 간과하고 있다.

최근 몇 년간 암 치료는 급속도로 발전했다. 표적치료제, 면역치료제 등 신약의 등장으로 생존율이 높아졌지만, 그만큼 치료 비용도 크게 증가했다. 특히 건강보험이 적용되지 않는 비급여 항목의 경우 환자 부담이 상당하다. 일례로 일부 면역치료제는 한 번 투여에 수백만 원, 전체 치료 과정으로는 수천만 원에 이르는 비용이 발생할 수 있다.

나는 10년 가까이 보험설계사로 일하면서 많은 암 환자들의 실제 치료 과정과 비용을 지켜봐 왔다. 그 경험을 바탕으로 암보험 가입 시 반드시 고려해야 할 특약들과 놓치기 쉬운 보장 내용들을 소개하고자 한다.

암보험 비급여치료를 보장하는 특약으로 준비해라

최근 암보험의 진화는 단순한 진단비 중심에서 벗어나, 실제 치료 과정에 맞춰 실질적인 보장을 제공하는 방향으로 변화하고 있다. 그 중심에는 '암 주요치료비 특약'이 있으며, 이 특약은 암 치료의 다양한 단계에서 발생하는 실질적 비용을 보장하는 중요한 역할을 한다.

기존의 암 주요치료비 특약은 수술비, 항암방사선치료비, 항암약물치료비 등 기본적인 항목을 중심으로 구성되었다. 수술비는 암 관련 수술 시 정액으로 지급되며, 방사선이나 항암제 치료에 대해서도 각각 치료가 이루어질 때마다 정해진 금액을 보장해주는 구조이다. 그러나 암 치료 기술과 방법이 급속도로 발전하면서, 보험사들은 이러한 기본 보장 외에도 보다 세분화된 특약을 개발하고 있다.

[암 치료 단계별 보장 항목 정리]

암 치료 단계	주요 치료 방식	보장 가능한 특약 항목
진단 초기	암 진단, 조직 검사	암 진단비
1차 치료	수술, 항암방사선치료, 항암약물치료	수술비, 방사선치료비, 약물치료비
고급 치료	표적치료, 면역치료	표적치료 특약, 면역치료 특약
장기 관리	호르몬 치료 등 장기약 복용	호르몬 치료비 특약
재발/전이 발생	반복적 치료, 재진단	재진단암 특약, 다른 부위암 진단비 특약

대표적인 예가 표적치료에 대한 보장이다. 표적치료제는 암세포만을 선택적으로 공격해 부작용을 줄이고 효과를 높이는 최신 치료법으로 각광받고 있지만, 상당수가 비급여로 분류되어 환자 부담이 크다. 이에 따라 최근 암 주요치료비 특약에서는 일반 항암약물치료비와 별도로

표적치료비를 보장하는 구조로 진화하고 있다.

회당 200만 원에서 300만 원까지 보장되는 상품도 있으며, 보장 횟수 역시 연 1회에서 연 2~3회로 확대된 경우가 많다. 이는 치료를 반복적으로 받아야 하는 환자에게 매우 중요한 보장이다. 예를 들어, 유방암으로 표적치료제 허셉틴을 사용한 50대 여성 환자가 있었는데, 보험에서 연 1회만 보장된 탓에 나머지 17회의 치료는 전액 자비로 부담해야 했다. 이런 사례는 실제 치료비 부담이 보험 혜택과 얼마나 밀접하게 연결되어야 하는지를 잘 보여준다.

또 다른 진화된 특약으로는 면역치료비 보장이 있다. 면역치료는 환자의 면역 체계를 강화해 암세포를 공격하는 방식으로, 키트루다, 옵디보 등의 약제가 대표적이다. 이들 치료제는 효과는 뛰어나지만 비용이 상당히 높은 편이다. 최신 특약에서는 표적치료와는 별도로 면역치료를 구분해 보장하는 상품이 늘고 있으며, 회당 300만 원에서 500만 원까지 보장하는 고보장 상품도 출시되고 있다. 일부 특약은 보장 대상 약제를 약제명으로 명시하고 있기 때문에, 실제 자신이 받을 치료가 포함되어 있는지를 확인하는 것이 필요하다.

호르몬 치료비 보장 역시 최근 강화되고 있는 영역이다. 유방암이나 전립선암처럼 호르몬 의존성이 강한 암의 경우, 수술과 항암 치료 이후 장기간의 호르몬 치료가 이어지는 경우가 많다. 이 치료는 보통 5년에서 길게는 10년까지 지속되기 때문에, 보장 기간과 방식이 중요한 요소가 된다. 대부분 연 1회 정액 지급 방식이지만, 일부 특약은 분기별 또는 월별 지급으로 더 촘촘한 보장을 제공한다. 여성 전용 암보험에서는 이러한 호르몬 치료 보장이 더욱 강화된 경향이 있다. 실제 유방암 환자 B씨는 5년간 호르몬 치료를 받으면서 연 1회 50만 원씩 총 250

만 원을 보험으로 보장받았다. 최근에는 보장 기간을 10년까지 연장한 상품도 출시되고 있어, 장기 치료에 대비한 특약 선택이 중요하다.

[암보험 설계 전략 체크리스트]

- ✅ 진단비 기본 보장
- ✅ 치료비 특약 추가 (수술, 방사선, 약물)
- ✅ 고비용 치료 보장 (표적, 면역, 호르몬)
- ✅ 재발·전이 대비 특약
- ✅ 실제 치료 단계별 맞춤 설계

　암보험 특약을 선택할 때 간과하기 쉬운 부분이 원발암과 재발, 전이에 대한 보장 차이다. 원발암은 최초로 진단된 암을 의미하며, 대부분의 암 진단비는 원발암에 대해 전액 보장을 한다. 반면, 재발암은 완치 후 동일 부위에 다시 암이 발생한 경우, 전이암은 암세포가 다른 부위로 퍼진 경우를 말한다. 오래된 암보험일수록 이러한 재발과 전이에 대해 보장을 하지 않거나, 축소 보장하는 경우가 많아 주의가 필요하다.

　이에 대응하기 위해 최근 암보험은 재발 및 전이에 대한 보장도 강화하고 있다. 일정 기간이 지난 후 새로운 부위에서 암이 발생할 경우 보장하는 '다른 부위암 진단비'나, 재진단암 특약을 통해 재발 및 전이된 암에 대해 다시 진단비를 지급하는 상품이 대표적이다. 치료비 특약에서도 보장 횟수를 제한하지 않거나, 재치료에 대해 별도 보장하는 형태로 구성되어 있다. 예를 들어, 대장암 수술 후 간으로 전이된 60대 남성 C씨의 경우, 기존 암 진단비로는 보장을 받을 수 없었지만, 재진단암 특약을 통해 추가 진단비와 치료비를 받을 수 있었다.

이처럼 암보험 특약은 암 치료의 실제 흐름에 맞춰 점점 세분화되고 정밀하게 진화하고 있다. 특히 비급여 항목이 많은 최신 치료법에 대한 보장을 강화함으로써, 실질적인 치료비 부담을 줄이는 데 큰 역할을 하고 있다. 하지만 여전히 실손보험으로는 보장되지 않는 항목이 존재하며, 암 진단 이후 발생하는 반복적이고 다양한 치료에 대해 보험이 충분히 역할을 하도록 하려면, 특약 선택 시 최신 치료 경향을 반영한 상품을 꼼꼼히 비교하고 선택하는 것이 중요하다.

암은 더 이상 단기적인 질병이 아니며, 생존 이후에도 장기간 치료와 관리가 필요한 시대가 되었다. 따라서 암보험은 단순한 진단비 중심이 아닌, 치료의 흐름에 따라 구성된 '암 주요치료비 특약'을 중심으로 설계하는 것이 실질적인 보장을 위한 핵심 전략이라 할 수 있다.

운전자보험, 이것만 있으면 OK!

운전자보험은 이제 선택이 아닌 필수이다. 많은 운전자들이 자동차보험만 가입하면 교통사고로 인한 모든 보장이 가능하다고 생각하지만, 실제 사고가 발생했을 때 본인이 감당해야 할 형사적 책임이나 벌금, 변호사 선임비용 등은 자동차보험만으로는 충분히 보장되지 않는다. 이러한 현실 속에서 운전자보험은 운전자의 법적·경제적 위험을 실질적으로 보호해주는 중요한 안전장치가 되고 있다.

운전자보험의 가장 핵심적인 보장 중 하나는 교통사고처리지원금 특약이다. 이 특약은 운전자가 교통사고로 인해 타인에게 중상해를 입히거나 사망사고가 발생했을 때 형사합의금을 보장해주는 구조이다. 과거에는 대인 1인당 3천만 원 수준의 보장이 일반적이었지만, 최근에는 최대 2억 원까지 보장하는 상품들이 등장하고 있다. 더불어 자동차보험의 자기부담금까지 보장하는 특약이 생겼고, 운전 중이 아닌 보행이나 자전거 이용 중 발생한 사고까지 보장하는 상품도 늘고 있다. 실제로 출퇴근 중 보행자와 접촉사고를 일으킨 A씨의 사례에서처럼, 자동차보험만으로는 부족했던 합의금을 운전자보험이 해결해준 사례는 이를 잘 보여준다.

[운전자보험 핵심 보장 항목 정리]

보장 항목	보장 내용
교통사고처리지원금	중상해·사망사고 시 형사합의금 지원
벌금 특약	사고로 형사처벌 시 벌금 지원
변호사선임비용	형사재판 시 변호사 비용 보장
면허정지/취소 위로금	생계 운전자 대상, 면허 정지 시 일당 지급
공탁금 선지급 서비스	불구속 재판 위한 공탁금 선지급
비운전 중 상해 보장	자전거, 보행, 대중교통 사고 보장
차량 관련 비용 보장	렌트카비, 차량 운반비, 부상 치료비 등 실비 보장

또한, 벌금 특약 역시 운전자보험의 핵심이다. 사고로 인해 형사처벌을 받게 되면 벌금이 부과될 수 있고, 최근에는 이 벌금 한도가 최대 5천만 원까지 확대된 상품들이 출시되고 있다. 특히, 특정범죄 가중처벌(예: 음주운전, 뺑소니)에 대해서도 일부 보험사들은 제한적으로 보장을 제공하고 있다. 사고로 인해 법원에서 3천만 원의 벌금형을 받은 B씨는 이 특약 덕분에 경제적 부담을 덜 수 있었다.

변호사선임비용 특약도 중요한 보호 장치다. 사고 발생 후 형사 재판에 회부되는 경우, 변호사를 선임하는 데 드는 수백만 원에서 수천만 원에 이르는 비용을 보장해주는 특약이다. 과거에는 500만 원 수준의 보장이 일반적이었으나, 최근에는 최대 3천만 원까지 보장하며, 선지급 서비스까지 제공하는 상품도 등장했다.

이는 사고 직후 즉시 법적 대응이 필요한 운전자에게 큰 도움이 된다. 운전면허정지나 취소에 따른 위로금 특약도 있다. 특히 생계를 위해 운전이 필수적인 직업군(택시, 버스기사 등)에게는 중요한 보장이다. 면허정지 일수에 따라 일당 형태로 위로금이 지급되며, 이로 인해 소득이 끊기는 것을 어느 정도 보완해준다.

최근 운전자보험은 단순한 보장 범위를 넘어 공탁금 선지급 같은 서비스를 통해 실질적인 도움을 주는 방향으로 진화하고 있다. 형사 사건에서 불구속 상태로 재판을 받기 위해 필요한 공탁금을 보험사에서 선지급해주므로, 운전자는 갑작스러운 거액의 공탁금을 마련하지 않아도 되며 일상생활을 유지할 수 있다. 실제 택시기사 D씨는 승객 부상 사고로 인해 불구속 재판을 받기 위해 5천만 원의 공탁금이 필요했는데, 이 서비스를 통해 문제를 해결할 수 있었다.

또한, 운전 중이 아닌 비탑승 중 사고 보장이 확대되고 있다는 점도 주목할 만하다. 자전거를 타거나 보행 중 발생한 사고, 대중교통 이용 중 사고에 대해서도 보장하는 운전자보험이 등장하고 있으며, 이를 통해 운전자가 아닌 일상생활 속의 다양한 위험에 대해서도 대비할 수 있게 되었다.

뿐만 아니라 최신 운전자보험은 차량 자체와 관련된 보장도 강화되고 있다. 자동차 부상치료비, 차량 운반 비용, 렌트카 비용 등을 보장함으로써 사고 이후의 현실적인 비용 부담을 덜어주고 있다.

운전자보험을 선택할 때는 몇 가지 주의사항이 있다.

첫째, 보장 한도와 기간을 반드시 확인해야 한다. 사고로 인한 형사합의금이나 변호사비용, 벌금 등의 수준이 점차 높아지고 있기 때문에, 가능한 높은 한도로 설정하는 것이 유리하다.

둘째, 비운전 중 상해에 대한 보장이 포함되어 있는지를 확인해야 한다.

셋째, 갱신형과 비갱신형 중 본인의 계획에 맞는 상품을 선택하는 것이 중요하며,

넷째, 기존 보험과 특약 구성의 중복 여부를 체크하여 보험료 낭비를 막는 것이 필요하다.

결론적으로, 자동차보험이 차량과 타인에 대한 손해를 보장한다면, 운전자보험은 운전자 본인의 형사적, 법적, 경제적 위험을 보호하는 보험이다. 특히 최신 운전자보험은 사고 이후의 법적 대응을 실질적으로 지원하며, 사고 초기부터 복잡한 상황에 대처할 수 있도록 돕는다. 운전대를 잡는 순간부터 우리는 언제든 사고의 위험에 노출되어 있다. 그렇기에 운전자보험은 '있으면 좋은' 보험이 아니라, '반드시 있어야 하는' 필수 안전장치이다.

보험조각가로서의 나의 조언은 분명하다. 운전자라면 자동차 열쇠와 함께 두 번째 열쇠인 운전자보험을 반드시 챙겨야 한다. 그래야만 사고가 발생했을 때 후회하지 않고, 법적 대응과 회복에 집중할 수 있다.

유병자도 가능한 보험, 꼭 알아야 할 점

유병자보험: 건강 이력이 있는 이들을 위한 현실적인 안전망

한때 보험은 '건강한 사람들만의 영역'이었다. 과거에는 단순한 질병 이력이나 경미한 수술 경험만으로도 보험 가입이 거절되기 일쑤였다. "2년 내 입원·수술 이력이 있으십니까?", "5년 내 특정 질병으로 진단받은 적이 있으십니까?" 같은 질문에 '예'라고 답하는 순간, 가입 가능성은 거의 사라졌고, 보험의 문턱은 높기만 했다. 그러나 시대가 변하고 의료기술이 발전함에 따라, 보험 시장도 변화하고 있다. 이제는 유병자도 자신에게 맞는 상품을 선택할 수 있는 시대가 열렸다.

유병자보험의 핵심은 '맞춤형'이다.

현재 유병자보험은 건강 상태와 병력에 따라 다양한 상품군으로 나뉘며, 대표적으로는 간편심사보험, 고혈압·당뇨병 특화보험, 무심사보험, 유병자 실손의료보험이 있다. 각각의 상품은 특징과 장단점이 명확하므로, 자신의 상태에 맞는 정확한 선택이 중요하다.

간편심사보험은 최근 2년 이내(암은 5년) 입원이나 수술 이력이 없는 사람이라면 가입이 가능하다. 질병 종류와 관계없이 입원비와 수술비를 보장하며, 비교적 간단한 고지절차로 가입할 수 있다는 장점이 있다. 하지만 보험료가 다소 비싸고, 특정 질환에 대한 보장 제한이 있을 수 있어 유의해야 한다.

고혈압·당뇨 특화보험은 만성질환자에게 특화된 상품으로, 암이나 뇌졸중 등 주요 질병 발생 시에만 보장한다. 건강 고지 의무가 없는 것이 가장 큰 장점이며, 가입의 문턱이 낮다. 다만 보장 범위가 좁기 때문에, 꼭 필요한 질환에 초점을 맞추어 선택해야 한다.

 무심사보험은 이름 그대로 고지 없이 가입할 수 있지만, 주로 사망만을 보장하는 구조이며, 보험료는 높고 보장 금액은 적은 편이다. 보험 가입이 어려운 고령자나 중증 유병자에게는 마지막 대안이 될 수 있으나, 그만큼 보장력은 낮다.

 유병자 실손보험은 기존 실손보험 가입이 어려운 이들을 위한 상품으로, 입원·통원 치료비 등을 보장해준다. 고혈압, 당뇨 등 만성질환자도 가입이 가능하지만, 특정 질환에 대해 일부 보장 제외가 있을 수 있으며 보험료 역시 일반 실손보다 높다.

 유병자보험 가입을 현명하게 하기 위한 전략은 다음과 같다.

 첫째, 자신의 건강 상태를 정확히 파악하는 것이 가장 중요하다. 최근 진단일, 수술일, 치료 종료일 등은 보험 가입 심사에 있어 핵심 정보이며, 보험설계사와의 상담 전 미리 정리해두는 것이 좋다.
 둘째, 보장 범위와 보험료의 균형을 찾아야 한다. 유병자보험은 일반 보험에 비해 보험료가 높기 때문에, 모든 보장을 담기보다는 필요한 질환 중심의 보장을 선택하는 것이 경제적이다. 고혈압 환자는 심혈관질환에, 유방암 병력이 있는 사람은 재진단암 보장에 집중하는 방식이 유효하다.
 셋째, 고지 의무를 반드시 확인하고 성실히 이행해야 한다. 유병자보험은 고지 항목이 간단하다는 인식 때문에 대충 답변하는 경우가 많은데, 이로 인해 보험금 청구 시 계약이 해지되거나 보험금 지급이 거절되는 일이 빈번하다. 최근 2년, 3개월, 5년 내 병력 등 각 보험 유형별 고지 기준을 반드시 확인해야 한다.

넷째, 보험사별 심사 기준이 다르므로 비교가 필수적이다. 같은 병력을 가진 사람이라도 보험사마다 가입 가능 여부나 보험료 수준이 달라질 수 있다. A보험사에서 거절되었더라도 B보험사에서는 인수가 가능한 경우가 많다.

다섯째, 단계적인 보장 전략을 세우는 것이 현명하다. 당장은 보장 범위가 제한된 유병자보험으로 시작하더라도, 향후 건강 상태가 안정되면 일반 보험에 추가 가입하거나 기존 조건을 해제하는 방법이 있다.

[유병자보험 유형별 비교]

구분	가입 조건	주요 보장 내용	특징 및 유의점
간편심사보험	최근 2년(암은 5년) 내 입원·수술 無	입원비, 수술비	고지 간단, 보험료 다소 높고 보장 제한 있음
고혈압·당뇨 특화보험	만성질환자 가능, 고지 의무 없음	주요 질병(암, 뇌졸중 등) 위주	가입 쉬움, 보장 범위 좁음
무심사보험	누구나 가능, 고지 無	주로 사망 보장	고령자 대안, 보험료 높고 보장 적음
유병자 실손보험	만성질환자 가능	입원·통원 치료비	일반 실손보다 보험료 높고, 일부 보장 제외 가능

유병자보험이 특히 필요한 대상은 명확하다.

고혈압, 당뇨 같은 만성질환자, 암이나 심장질환을 겪었던 완치자, 특정 질병 가족력이 있는 사람, 고령자 등은 모두 일반 보험 가입이 어려울 수 있다. 유병자보험은 이들에게 실질적인 대안이 될 수 있다.

결론적으로, 유병자보험은 단순히 '보험에 가입할 수 있는 수단'이 아닌, 건강 이력이 있는 이들을 위한 '맞춤형 안전망'이다. 다양한 상품과 선택지가 존재하는 오늘날, 중요한 것은 정확한 정보와 자기 이해를 바탕으로

한 현명한 선택이다. 보험은 불확실한 미래를 위한 준비이며, 건강에 불안을 느낄수록 그 준비는 더욱 중요하다. 포기하지 말고, 지금 당신에게 맞는 유병자보험을 찾아보길 바란다. 그것이 당신의 내일을 지키는 첫 걸음이 될 것이다.

초고령사회 돈 없어도 필수로 가입해야하는 보험, 연금보험

현대 사회에서 노후 소득 준비는 더 이상 선택이 아닌 필수이다. 특히 우리나라가 초고령사회로 빠르게 진입함에 따라, 안정적인 노후 자금 확보는 모든 경제활동인구의 중요한 과제가 되었다. 국민연금만으로는 충분한 노후 생활을 보장받기 어려운 것이 현실이다.

[연금제도 대비 구조]

2025년 3월에 통과된 국민연금 개혁안은 기여율을 현행 9%에서 2026년부터 매년 0.5%포인트씩 단계적으로 인상하여 최종 13%까지 상향하고, 소득대체율은 현행 40%에서 43%로 상향 조정하는 내용을 담고 있다. 그러나 이러한 개혁에도 불구하고 평균수명이 지속적으로 증가하는 상황에서 '오래 살 리스크'에 대비하기 위해서는 추가적인 노후 소득원이 필요하다.

 연금보험은 국민연금의 고갈 가능성과 부족분을 은퇴 후에 채울 수 있도록 도와주는 중요한 수단이다. 특히 연금보험 가입 시 간과하기 쉽지만 매우 중요한 요소가 바로 '경험생명표'이다. 경험생명표는 평균수명과 사망률을 기반으로 연금 지급 기간과 금액을 산정하는 기준인데, 이것이 가입 시점으로 고정되면 여러 혜택을 얻을 수 있다. 가입 시점의 경험생명표가 적용되는 연금보험은 향후 평균수명이 늘어나도 월 연금액이 줄어들지 않아 안정적인 노후 소득을 보장하고, 가입 시점 이후의 경험생명표 변경에 따른 보험료 상승 요인에 영향을 받지 않으며, 노후 재정 계획에 있어 예측 가능성과 안정성을 제공한다.

 반면, 연금 개시 시점의 경험생명표를 적용하는 상품은 평균수명 증가에 따라 동일한 적립금으로 더 오랜 기간 연금을 지급해야 하므로, 월 수령액이 감소할 수 있다. 이런 차이가 장기적으로는 노후 생활의 질에 상당한 영향을 미칠 수 있다.

 연금보험은 세제혜택에 따라 크게 세제적격 연금보험과 세제비적격 연금보험으로 나눌 수 있다. 세제적격 연금보험은 납입 시 세액공제 혜택(연간 최대 600만 원, IRP 포함 시 900만 원)을 받을 수 있으나, 만 55세 이후에만 연금 형태로 수령 가능하고, 중도 인출 시 기타소득세(16.5%)가 부과된다. 또한 연금 수령 시 연금소득세(3~5.5%)가 적용되며 건강보험료가 추가 부과될 가능성이 있다.

세제비적격 연금보험은 납입 시 세액공제 혜택은 없지만, 일정 조건 충족 시 수령 시 비과세 혜택(월 보험료 150만 원 이하 또는 일시납 1억 원 이하로 10년 이상 유지)을 받을 수 있다. 변액연금보험, 일반연금보험, 즉시연금보험 등이 여기에 해당하며, 중도 해지 시 페널티가 적어 유동성 측면에서 유리하다.

효과적인 노후 준비를 위해서는 개인의 재정 상황과 장기 목표에 맞게 두 가지 유형을 적절히 조합하는 것이 좋다. 현재 소득이 높다면 세제적격 연금을 통해 당장의 세금 혜택을 누리고, 장기적인 관점에서는 세제비적격 연금을 통해 수령 시 비과세 혜택을 받는 전략이 효과적일 수 있다. 국민연금 개혁에도 불구하고, 국민연금만으로는 풍요로운 노후 생활을 기대하기 어렵다. 개인 연금을 통한 보완은 이제 선택이 아닌 필수이다. 특히 가입 시점의 경험생명표가 적용되는 연금보험 상품은 평균수명 증가에 따른 리스크를 효과적으로 관리할 수 있어 더욱 가치가 있다.

연금 계획을 세울 때는 단기적인 세제 혜택뿐만 아니라, 장기적인 안정성과 수익성, 유동성을 종합적으로 고려해야 한다. 개인의 상황에 맞는 최적의 연금 포트폴리오를 구성하기 위해서는 전문가와의 상담을 통해 맞춤형 전략을 수립하는 것이 좋다. 노후 생활의 질은 젊었을 때 얼마나 체계적이고 전략적으로 준비했느냐에 달려 있으므로, 지금부터라도 연금보험에 대한 이해를 높이고 자신에게 맞는 상품을 선택하는 것이 중요하다.

[경험생명표 적용 방식 비교]

	가입 시점 고정형	연금 개시 시점 반영형
적용 기준	가입 당시 경험생명표	연금 수령 시점의 경험생명표 적용
월 연금액	상대적으로 많음	수령액 감소 가능성 있음
수명 증가의 영향	영향 없음	연금액 분산으로 수령액 줄어듦
예측 가능성	높음	낮음

치매보험, 절대가입하지 마세요

재가급여보험과 간병인보험의 우수성: 치매보험의 대안

현대 사회에서 노후 준비의 핵심은 단순한 자산 축적을 넘어 건강 리스크에 대한 대비까지 포함한다. 특히 고령화가 빠르게 진행되면서 간병 문제는 개인과 가족에게 경제적, 정서적으로 큰 부담이 되고 있다. 이러한 상황에서 많은 사람들이 치매보험에 관심을 갖지만, 실제로는 재가급여 보험이나 간병인보험이 더 유리한 선택일 수 있다.

기존의 치매보험은 상품명과 광고가 주는 인상과 달리, 실제 보상 내용에 많은 제한이 있다. 대부분의 치매보험은 중증 치매로 진단받았을 때에만 제한적으로 보험금이 지급되며, 경증이나 중등도 치매의 경우 보장을 받지 못하는 경우가 많다. 또한 치매 진단 기준이 까다롭고, 의학적으로 명확한 진단이 어려운 경우도 있어 보험금 지급을 둘러싼 분쟁이 발생하기도 한다. 이로 인해 많은 가입자들이 정작 필요할 때 충분한 보장을 받지 못해 실망하는 사례가 빈번하다.

반면, 재가급여보험과 간병인보험은 보장 범위가 훨씬 넓고 실질적인 도움을 제공한다. 이들 보험은 치매뿐만 아니라 장기요양등급 1~5등까지 폭넓게 보장하기 때문에, 뇌졸중, 파킨슨병, 골절 등 다양한 노인성 질환이나 신체적 불편으로 일상생활이 어려울 때도 보험금을 받을 수 있다. 장기요양등급은 국민건강보험공단에서 객관적이고 표준화된 기준으로 판정하기 때문에, 보험금 지급과 관련된 분쟁 가능성이 현저히 낮다는 장점도 있다.

특히 주목할 점은 재가급여보험과 간병인보험이 현대인의 선호도와 부합한다는 것이다. 요즘은 요양원이나 병원보다 가능한 한 집에서 간병 받기를 원하는 사람들이 많아지고 있다. 재가급여보험은 이러한 재택 간병 상황에서도 방문요양, 방문간호, 주야간보호 서비스, 복지용구 지원 등 다양한 형태로 보험금을 받을 수 있어, 환자의 삶의 질을 유지하면서도 가족의 간병 부담을 경감시킨다.

경제적인 측면에서도 재가급여보험과 간병인보험이 유리하다. 치매보험에 비해 상대적으로 저렴한 보험료로 더 폭넓은 보장을 받을 수 있으며, 간병비용을 실질적으로 줄이는 효과가 크다. 실제 간병비는 월평균 300~400만 원에 달할 수 있는데, 정부의 장기요양보험 지원만으로는 부족한 부분을 보험금으로 충당함으로써 가족의 경제적 부담을 크게 완화할 수 있다.

또한, 재가급여보험과 간병인보험은 다양한 특약을 통해 개인의 필요에 맞게 보장 내용을 조정할 수 있다는 장점이 있다. 간병인 일당, 생활자금, 시설급여 등 여러 특약 중에서 자신의 상황과 예산에 맞게 선택할 수 있어, 더욱 효과적인 노후 대비가 가능하다.

보험 가입 시점에서 또 하나 고려해야 할 점은 보장의 확실성이다. 치매보험의 경우 진단 기준의 모호함으로 인해 실제 보험금 지급 여부가 불확실할 수 있지만, 장기요양등급을 기준으로 하는 재가급여보험과 간병인보험은 공신력 있는 기관의 판정을 기반으로 하기 때문에 보장의 확실성이 높다.

[치매보험 vs 대안보험 비교]

	치매보험	재가급여보험 / 간병인보험
보장대상	중증 치매 중심 (제한적)	장기요양등급 1~5등급 전반 (폭넓음)
진단 기준	의사 판단 + 모호한 정의	건강보험공단 등 공신력 있는 등급 기준
분쟁 발생 가능성	높음	낮음
실질적 간병지원	없음 (일시금 중심)	간병인 일당, 방문요양 등 실비 지원 가능
보험료	상대적으로 높음	상대적으로 저렴

무엇보다 재가급여보험과 간병인보험은 간병이 필요한 상황에서 실질적인 지원을 제공한다는 점에서 큰 의미가 있다. 단순히 일시금을 지급하는 것이 아니라, 실제 간병 서비스나 간병인 비용을 지원함으로써 환자와 가족 모두에게 실질적인 도움이 된다. 이는 경제적 부담 완화뿐 아니라 정서적 안정과 삶의 질 향상에도 기여한다.

 노후 간병 리스크에 대비하기 위해서는 보장 범위가 제한적인 치매보험보다는 다양한 상황에 대응할 수 있는 재가급여보험이나 간병인보험을 선택하는 것이 더 현명하다. 이들 보험은 보장 범위가 넓고, 경제적 부담이 낮으며, 실질적인 간병 지원이 가능하다는 장점을 가지고 있다. 노후의 건강 리스크에 대한 대비는 단순히 보험에 가입하는 것을 넘어, 자신의 상황과 필요에 맞는 최적의 보험을 선택하는 것이 중요하다. 재가급여보험과 간병인보험은 이러한 측면에서 치매보험의 효과적인 대안이 될 수 있다.

뇌혈관질환 허혈심장질환 진단비 필요없다

일부 보험 설계사들이 뇌졸중 진단비와 급성심근경색 진단비만 있으면 충분하다고 주장하는 것에 대한 사실 확인과 반론을 제시한다.

먼저, 보장 범위 측면에서 살펴보면, 뇌졸중 진단비는 거미막하출혈, 뇌내출혈, 뇌경색 등 6가지 코드를 보장하는 특약인 반면, 뇌혈관질환 진단비는 뇌출혈, 뇌경색뿐만 아니라 기타 뇌혈관질환 후유증까지 포함해 총 10가지 코드를 보장한다.

마찬가지로 급성심근경색 진단비는 급성심근경색증만 보장하는 3가지 코드에 국한되지만, 허혈성심장질환 진단비는 급성심근경색증 외에도 협심증과 만성 허혈성심장질환까지 포함해 총 6가지 코드를 보장한다.

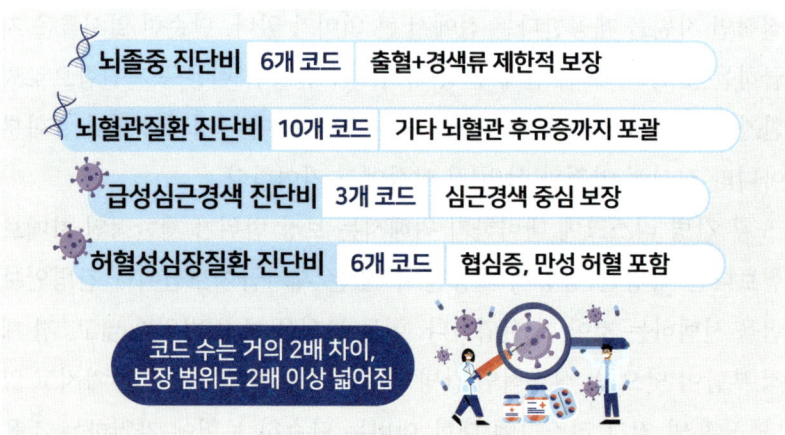

[보장 코드 수 비교]

- 뇌졸중 진단비 — 6개 코드 — 출혈+경색류 제한적 보장
- 뇌혈관질환 진단비 — 10개 코드 — 기타 뇌혈관 후유증까지 포괄
- 급성심근경색 진단비 — 3개 코드 — 심근경색 중심 보장
- 허혈성심장질환 진단비 — 6개 코드 — 협심증, 만성 허혈 포함

코드 수는 거의 2배 차이, 보장 범위도 2배 이상 넓어짐

일부 보험 설계사들의 주장에 따르면 신체의 모든 범위를 보험으로 대비할 필요가 없고, 실손의료비 보험 하나면 충분하며, 경제적 타격이 큰 핵심 질환만 저렴하게 가입하면 된다고 한다. 또한 뇌혈관질환 진단

비와 허혈성심장질환 진단비는 보험료가 비싸기 때문에 뇌졸중과 급성심근경색 진단비만으로 충분하다고 주장한다.

그러나 이러한 주장에는 몇 가지 논리적 오류가 있다. 우선 실손의료보험을 100세까지 유지하기 어렵다는 점이다. 실손의료보험은 갱신형 상품으로 위험률과 손해율에 따라 보험료가 상승하게 되는데, 현재도 60-70대 고령자들이 높은 보험료 부담으로 유지가 어렵다고 호소하는 상황이다. 소득이 없는 80-90대에서 계속 상승하는 보험료를 감당할 수 있는 사람은 극소수일 것이다.

또한 허혈성심장질환의 경우, 세브란스병원 건강정보에 따르면 크게 협심증과 심근경색으로 나뉜다. 협심증으로 진단받고 관상동맥 우회술과 같은 고비용 치료(약 3,330만 원)가 필요한 경우, 급성심근경색 진단비로는 한 푼도 보험금을 받을 수 없다. 또한 수술 후 약 20%의 환자에게서 발생할 수 있는 부정맥도 급성심근경색 진단비로는 보장받을 수 없으며, 최근에 나온 심혈관 진단비 특약으로만 보험금을 받을 수 있다.

보험료 대비 보장 범위를 비교해보면, 허혈성심장질환 진단비는 급성심근경색 진단비보다 보장 범위가 약 8배 넓지만 보험료는 약 2배 정도만 차이가 난다. 40세 남성 사무직 기준으로 20년 납입, 90세 만기, 무해지, 비갱신 조건일 때 이러한 차이가 명확히 드러난다. 뇌혈관질환 진단비도 마찬가지로, 보험료는 24.81% 더 비싸지만 보장 범위는 뇌졸중 진단비의 66.49%에서 100%로 확대된다.

2021년 빅데이터에 따르면, 전체 1,188,979명의 환자 중 790,508명은 뇌졸중 진단비로 보험금을 받을 수 있지만, 나머지 398,471명의 환자는 뇌혈관질환 진단비가 있어야만 보험금을 받을 수 있다. 이는 보장 범위가 33.51% 차이가 나지만 보험료는 24.81%만 차이가 나므로 가성비 측면에서도 뇌혈관질환 진단비가 유리하다.

 보험 전문가의 최종 의견으로는, 보장 범위 대비 가성비가 좋은 허혈성심장질환 진단비와 뇌혈관질환 진단비를 구성하는 것이 바 람직하다고 제시한다. 만약 보험료에 부담을 느낀다면, 허혈성 진단비 2천만 원과 급성심근경색 1천만 원, 또는 뇌혈관 진단비 2천만 원과 뇌졸중 1천만 원과 같이 복합설계를 통해 보험료를 조정하는 방법도 있다.
 또한 기존 보험을 무조건 해지하기보다는 현재 병력 상태와 신규 보험 가입 시 건강체 승인 가능성, 기존 권리 유지 등을 고려해 전문가와 상담 후 결정하는 것이 중요하다.

종신보험이 과연 필요할까?

 종신보험은 평생 동안 사망보장을 제공하는 보험상품으로, 많은 가정에서 가장의 사망 시 경제적 안전망으로 선택하고 있다. 그러나 종신보험의 실질적 가치와 필요성에 대해서는 다양한 측면에서 재고해볼 필요가 있다. 특히 화폐가치의 변동과 장기적 관점에서의 경제적 효율성을 고려할 때, 종신보험이 최적의 선택인지 의문이 제기된다.

 30세 가장이 1억 원 종신보험에 가입하고 만기시점인 100세까지 생존 한다고 가정할 때, 연평균 3.2%의 물가상승률을 반영하면 미래의 1억 원은 현재가치로 약 1,103만 원에 불과하다. 이는 화폐가치의 지속적인 하락으로 인해 미래에 받게 될 보험금의 실질 구매력이 크게 감소함을 의미한다. 현재 서울 평균 주택가격이 10억 원을 넘고, 10년 전 5억 원이었던 것을 고려하면 자산가치의 상승 속도가 화폐가치의 하락

보다 빠를 수 있어, 고정된 보험금액의 실질적 가치는 더욱 감소할 수 있다.

월 보험료 25만 원을 20년간 납입할 경우 총 납입보험료는 약 6천만 원이 된다. 이는 상당한 금액으로, 이러한 자금을 다른 투자 수단에 활용했을 때의 기회비용도 고려해야 한다. 특히 저금리 시대에 보험회사가 제공하는 공시이율이 물가상승률을 따라가지 못하는 경우, 종신보험의 경제적 효율성은 더욱 떨어질 수 있다.

사망보험금의 주요 목적은 가장의 사망 시 남겨진 유족, 특히 성장기 자녀에게 필요한 자금을 제공하는 것이다. 자녀가 어릴 때 가장이 사망할 경우, 교육비와 생활비 등 자녀 양육에 필요한 재정적 지원이 중요하다. 그러나 자녀가 성인이 되어 경제적으로 독립한 이후에는 이러한 보장의 필요성이 크게 감소한다.

이러한 측면에서 정기보험은 종신보험의 합리적 대안이 될 수 있다. 정기보험은 특정 기간(예: 20년, 30년)동안만 사망보장을 제공하는 상품으로, 만기 환급금은 없지만 보험료가 종신보험보다 훨씬 저렴하다. 정기보험은 자녀의 성장기와 같이 경제적 보호가 가장 필요한 특정 기간에 초점을 맞춘 보험상품으로, 불필요한 기간까지 보장받기 위해 높은 보험료를 지불할 필요가 없다.

예를 들어, 30세에 자녀가 5세라 면, 25년 만기 정기보험을 선택하여 자녀가 30세가 될 때까지 보장받을 수 있다. 이 시기가 지나면 자녀는 경제적으로 자립할 가능성이 높으므로, 이후 기간까지 사망보장을 유지할 필요성이 감소한다.

또한, 정기보험으로 절약된 보험료를 다른 투자 수단에 활용할 경우, 장기적으로 더 높은 수익률을 기대할 수 있다. 사망보험금은 가족의 경제적 안전을 위한 중요한 장치이지만, 반드시 종신보험의 형태로 준비할 필요는 없다. 개인의 생애주기, 가족 구성, 재정 상황, 그리고 장기적인 경제적 목표를 고려하여 가장 적합한 보험 상품을 선택하는 것이 중요하다. 정기보험은 필요한 기간 동안 적절한 보장을 제공하면서도 보험료 부담을 줄일 수 있는 효율적인 대안이 될 수 있다.

진짜 해지하면 안 되는 보험 5가지

 현대 사회에서 보험은 위험에 대비하기 위한 필수적인 안전장치로 자리 잡았다. 그러나 모든 보험이 동일한 가치를 지니는 것은 아니다. 특히 과거 특정 시기에 가입한 일부 보험들은 현재 출시되는 상품들과 비교했을 때 월등히 유리한 조건을 갖추고 있어, 가입자들에게 '금맥'과도 같은 가치를 지닌다. 이러한 보험들은 지금 해지했다가 새로 가입하려면 동일한 보장을 받을 수 없거나, 훨씬 더 많은 보험료를 지불해야 하는 경우가 대부분이다. 그렇다면 어떤 보험들이 절대 해지하면 안 되는 황금시대 보험에 해당할까?

첫째, 2009년 10월 이전에 가입한 실비보험이다.

이 시기의 실비보험은 현재의 실손의료보험과 비교할 때 압도적으로 유리한 조건을 갖추고 있다. 통원 시 자기부담금이 단 5천 원만 발생하고, 입원과 수술에 대해서는 자기부담금이 전혀 없는 것이 가장 큰 특징이다. 반면 최근의 실손보험은 통원 시 3만 원과 급여 20%, 비급여 30%의 자기부담금이 발생하며, 입원 시에도 급여 20%, 비급여 30%의 자기부담금이 발생한다.

이러한 차이는 장기적으로 수백만 원에서 수천만 원의 의료비 차이로 이어질 수 있어, 절대 해지해서는 안 되는 보험 중 하나이다.

둘째, 2004년 10월 이전에 가입한 생명보험사의 수술비 보험이다.

이 시기의 수술비 보험은 1-3종 수술비 체계로, 특히 치과 치료와 관련하여 현재와 큰 차이가 있다. 임플란트 시술 중 치조골 이식술에 대해 2종 수술비가 지급되는 혜택이 있었다. 현재의 수술비 보험은 이러한 치과 관련 수술에 대한 보장이 대폭 축소되거나 아예 제외된 경우가 많아, 해당 시기의 보험은 특히 중장년층에게 매우 가치 있는 자산이 될 수 있다.

셋째, 2008년 10월 이전에 가입한 암보험이다.

이 시기의 암보험은 유사암과 일반암의 구분 없이 동일한 암진단비가 지급되는 특징이 있다. 현재의 암보험은 대부분 유사암(갑상선암, 기타 피부암, 제자리암, 경계성종양)에 대해 일반암 진단비의 10~30% 정도만 지급하는 것이 일반적이다. 암은 발생 빈도가 높은 질병 중 하나로, 특히 유사암 중 갑상선암은 국내에서 발생률이 매우 높은 암이다. 따라서 모든 암에 대해 동일한 진단비를 받을 수 있는 이 시기의 암보험은 현재 기준으로는 구하기 힘든 황금 같은 보험이다.

넷째, 2000년도 이전에 가입한 고정금리형 연금보험이다.

이 시기는 IMF 외환위기 시대로, 금리가 5% 이상인 상품이 대부분이었다. 현재의 저금리 시대에 5% 이상의 고정 금리는 상상하기 어려운 수준으로, 장기적인 노후 준비에 있어 엄청난 이점을 제공한다.

특히 연금보험은 장기간 유지되는 상품이므로, 이러한 고금리 혜택은 수십 년 동안 누적되어 노후 자금에 큰 차이를 만들어낸다. 따라서 이 시기에 가입한 고정금리형 연금보험은 어떤 경우에도 해지해서는 안 되는 귀중한 자산이다.

이러한 '황금시대' 보험들은 당시의 경제 상황, 의료 환경, 규제 체계가 현재와 달랐기에 가능했던 조건들을 담고 있다.

시간이 지날수록 보험사들은 손해율 관리와 수익성 확보를 위해 보장 범위를 축소하고 자기부담금을 늘리는 방향으로 상품을 개편해왔다. 따라서 위에 언급 된 시기에 가입한 보험을 갖고 있다면, 일시적인 경제적 어려움이나 단기적인 필요에 의해 해지하는 결정은 신중히 재고 해볼 필요가 있다.

이러한 보험들은 현재 새로 가입할 경우 동일한 조건으로는 절대 가입할 수 없는, 말 그대로 '금맥'과 같은 가치를 지닌 자산이기 때문이다.

02 보험 리모델링의 모든 것

중복 보장 줄이고, 공백 보장 채우기

살면서 여러 개의 보험을 가입하다 보면 어느새 지갑은 보험증권으로 가득 차고, 통장에서는 매달 상당한 보험료가 빠져나가는 상황이 된다. 그러나 실제로는 필요한 보장이 빠져 있거나, 같은 보장이 중복되어 보험료가 낭비되는 경우가 많다. 이러한 상황에서 반드시 필요한 것이 바로 '보험 리모델링'이다. 보험 리모델링이란 기존 보험들을 다시 분석하고, 중복된 보장은 줄이며 부족한 보장은 보완하여 보다 효율적인 포트폴리오를 만드는 과정이다. 마치 낡은 집을 개조하듯, 보험도 지금의 삶에 맞게 새롭게 정비할 필요가 있다.

보험 리모델링이 필요한 시점은 다양하다. 매월 빠져나가는 보험료가 부담스럽게 느껴질 때, 결혼·출산 등 생애주기가 바뀌었을 때, 가입한 보험이 무엇을 보장하는지 모를 때, 새로운 보험상품이 출시되었을 때, 실제 사고나 질병을 겪고 나서 보장의 공백을 체감했을 때 등이 그 예이다. 이러한 시점이 바로 보험 리모델링을 시작해야 하는 시그널이다.

리모델링을 효과적으로 하기 위해선 몇 가지 원칙이 필요하다.

가장 먼저 해야 할 일은 현재 가입된 모든 보험의 보장 내용을 분석하는 것이다. 이 과정에서 중복 보장, 보장 공백, 과다 보장, 부족 보장 등을 확인해야 한다. 이어서 보험 상품의 유형별 특성을 이해하는 것이 필요하다. 종신보험, 정기보험, 실손보험, 암보험, 연금보험 등 각각의 보험은 목적과 보장 구조가 다르므로, 자신이 어떤 상품을 가지고 있는지 정확히 파악하는 것이 중요하다.

[보험 리모델링 필요 시점 요약]

- ✓ 매달 보험료가 부담스러워졌을 때
- ✓ 결혼, 출산 등 생애주기 변화가 생겼을 때
- ✓ 내가 어떤 보장을 받고 있는지 모를 때
- ✓ 신상품 등장, 기존 보험과의 차이 확인이 필요할 때
- ✓ 사고/질병을 겪고 나서 보장의 공백을 체감했을 때

보험은 생애주기와 밀접하게 연관되어 있다. 2030대에는 소득 상실 위험에 대비한 정기보험이나 소득보상 특약 중심의 보험이 필요하며, 3040대에는 가족 부양과 중대 질병에 대비한 종합보험이나 암보험이 중심이 되어야 한다. 40~50대는 중대질환 발병률이 증가하는 시기이므로 건강보험과 실손보험의 보장을 강화해야 하며, 50대 이후에는 노후를 위한 연금보험과 간병보험 등의 준비가 필요하다.

실제 리모델링 사례를 보면, 30대 신혼부부의 경우 과도한 상해사망 중복 보장과 암 진단금의 중복이 있었으며, 이를 조정해 합리적인 보험료와 균형 잡힌 보장을 확보할 수 있었다. 40대 가장의 경우 중대질환에 대한 보장이

전무한 상태였으나, 종신보험 감액을 통해 재원을 마련하고 진단비와 입원 일당 특약을 추가함으로써 공백을 효과적으로 해소했다. 50대 부부는 고액의 갱신형 암보험과 과도한 종신보험 보장으로 인해 노후 대비가 부족했던 상황에서, 보험료를 절감하고 간병보장을 추가하여 노후 리스크에 대비할 수 있게 되었다.

 보험 리모델링을 진행할 때는 몇 가지 주의사항이 있다. 기존 보험을 해지하기 전에 신규 보험 가입이 가능한지 반드시 확인해야 하며, 중도 해지로 인한 손해를 방지하기 위해 해지환급금과 보험 유지 기간도 꼼꼼히 살펴야 한다. 세제 혜택이 적용되는 연금보험이나 저축성 보험은 해지 시 세금 문제가 발생할 수 있으므로 신중한 판단이 필요하다. 불필요한 특약만 선택적으로 해지하거나 감액하는 방법도 손실을 줄이는 좋은 전략이 될 수 있다.

 보장성 보험과 저축성 보험의 구분도 중요하다. 위험을 보장하는 목적의 보험은 보장 내역이 최우선 고려 대상이 되어야 하며, 자산 형성을 위한 보험은 수익률과 세제 혜택을 중심으로 판단해야 한다.

 보험 리모델링을 체계적으로 하기 위해서는 5단계 프로세스를 따르는 것이 좋다. 먼저 모든 보험 증권을 정리하고, 각 상품의 보장 내역과 보험료, 해지환급금 등을 한눈에 파악한다. 이어서 보장 맵을 작성하여 진단비, 수술비, 사망보장, 의료비 등 항목별 보장 현황을 정리한다. 현재의 생애주기와 필요한 보장을 분석한 뒤, 유지할 보험, 감액 또는 해지할 보험, 신규 가입할 보험 등을 결정한다. 마지막으로 리모델링 계획은 단기적으로 한 번에 진행하기보다, 우선순위에 따라 단계적으로 실행하고 정기적으로 점검해야 한다.

보험은 한 번 가입하면 끝나는 금융 상품이 아니다. 인생이 변화함에 따라 보장의 내용도 바뀌어야 하며, 그 변화에 능동적으로 대응하는 것이 바로 보험 리모델링이다. 보험료를 절감하는 것도 중요하지만, 그보다 더 중요한 것은 '현재의 삶'과 '미래의 위험'을 균형 있게 보호하는 것이다. 보험 리모델링은 선택이 아니라, 인생 설계의 필수 과정이다.

03 특약 조각하기: 꼭 필요한 특약만 골라내기

질병후유장해 특약

　질병후유장해 특약은 질병으로 인해 치료를 마친 후에도 신체에 영구적인 손상이 남아 장해 상태가 되었을 때, 약관에 따라 장해율을 산출하여 보험금을 지급하는 특약이다. 많은 사람들이 암, 뇌졸중, 심근경색 등 특정 질병에 대한 진단비 특약에 집중하는 경향이 있지만, 질병후유장해 특약은 이러한 질병 이후의 장기적인 건강 상태와 삶의 질에 대한 보장을 제공한다는 점에서 매우 중요한 의미를 갖는다. 이 특약은 특정 질병에 한정되지 않고 다양한 질병으로 인한 후유장해를 폭넓게 보장하는 특징이 있어, 종합적인 보험 설계에 있어 반드시 고려해야 할 요소이다.

질병후유장해 특약의 주요 특징

1. 보장 범위의 포괄성

　질병후유장해 특약의 가장 큰 특징은 보장 범위가 매우 포괄적이라는 점이다. 특정 질병에 국한되지 않고, 모든 질병으로 인해 발생한 신체적 또는 정신적 영구 장해를 보장한다.

　예를 들어, 암 치료 후 장기가 일부 제거되어 기능이 저하된 경우, 뇌졸중 이후 마비가 남은 경우, 심장 질환으로 심장 기능이 저하된 경우, 폐 질환으로 호흡 기능이 감소한 경우 등 다양한 상황에서 보장이 가능하다.

또한 신경계 손상으로 인한 치매 발생, 척추 질환으로 인한 운동 제한, 만성 질환의 합병증으로 인한 기능 저하 등도 보장 대상이 될 수 있다. 이러한 포괄적 보장 범위는 특정 질병만을 대상으로 하는 보험 상품들과 비교했을 때 큰 장점이다.

2. 장해율에 따른 차등적 보험금 지급

질병후유장해 특약은 장해의 정도에 따라 보험금을 차등 지급하는 방식을 채택하고 있다. 일반적으로 장해율은 3%에서 100%까지 세분화되어 있으며, 각 장해율에 해당하는 가입 금액의 비율만큼 보험금이 지급된다. 예를 들어, 가입 금액이 5천만 원이고 장해율이 10%로 판정된 경우, 500만 원의 보험금을 받을 수 있다. 장해율 100%는 완전한 장해 상태를 의미하며, 이 경우 가입 금액 전액을 보험금으로 지급받게 된다.

이러한 차등 지급 방식은 장해의 정도에 따라 실질적인 경제적 지원을 제공한다는 점에서 합리적이다. 경미한 장해는 상대적으로 작은 금액을, 심각한 장해는 더 큰 금액을 보장받음으로써, 장해 상태에 따른 경제적 부담을 효과적으로 완화할 수 있다.

3. 동일 질병에 대한 추가 보장

동일한 질병으로 인해 시간이 지나면서 장해 정도가 심해질 경우, 추가적인 보험금 지급이 가능하다. 예를 들어, 척추 질환으로 인해 처음에는 10%의 장해율로 판정받아 보험금을 수령했으나, 후에 같은 질환이 악화되어 장해율이 30%로 상향 조정된 경우, 이전에 받은 10%에 해당하는 금액을 제외한 나머지 20%에 해당하는 보험금을 추가로 받을 수 있다.

이러한 특징은 진행성 질환이나 만성 질환으로 인한 장해가 점진적으로 심화될 수 있는 상황에 대비할 수 있게 해준다. 특히 퇴행성 질환, 자가면역 질환, 신경계 질환 등 시간이 지남에 따라 증상이 악화될 수 있는 질병을 앓고 있는 사람들에게 중요한 보장이다.

4. 중복 보상 가능성

질병후유장해 특약의 또 다른 중요한 특징은 여러 신체 부위에서 각각 장해가 발생했을 때 중복 보상이 가능하다는 점이다. 예를 들어, 특정 질병으로 인해 시각 기능에 10%의 장해가 발생하고, 동시에 청각 기능에 15%의 장해가 발생한 경우, 두 장해율을 합산한 25%에 해당하는 보험금을 받을 수 있다.

또한 서로 다른 질병으로 인해 발생한 장해도 중복 보상이 가능하다. 이는 다양한 건강 문제를 동시에 갖고 있는 사람들, 특히 여러 만성 질환을 앓고 있는 고령자들에게 유리한 특징이다.

5. 청구 조건과 절차

질병후유장해 특약에서 보험금을 청구하기 위해서는 일반적으로 치료를 마친 후 일정 기간(보통 180일)이 경과해도 장해 상태가 지속되어야 한다. 이는 일시적인 기능 저하가 아닌, 영구적인 장해 상태를 보장하기 위한 조건이다.

 청구 절차는 의사의 진단서, 장해 상태를 증명할 수 있는 검사 결과, 치료 기록 등의 서류를 제출하고, 보험사의 심사를 거쳐 장해율이 판정된다.

 장해율 판정은 보험업계에서 표준으로 사용하는 '장해분류표'를 기준으로 하며, 의학적 소견과 기능 검사 결과 등을 종합적으로 고려하여 결정된다.

[질병후유장해 특약 - 5대 핵심 포인트]

포괄 보장
→ 모든 질병으로 인한 영구 장해 보장

장해율별 차등 지급
→ 장해율 3~100%에 따라 보험금 차등 지급

추가 보상
→ 동일 질병의 장해가 심해지면 추가 보상

중복 보장
→ 여러 부위 장해 시 합산 보상 가능

청구 절차
→ 치료 후 180일 이상 장해 지속 + 장해율 판정

운전자보험
주요 특약 및 활용

시대 흐름에 맞는 업그레이드 전략

 운전자보험은 교통사고로 인해 발생할 수 있는 법적, 경제적 책임을 보완하는 데 초점이 맞춰진 보험 상품이다. 자동차보험이 차량 자체와 직접적인 사고 보상에 중점을 둔다면, 운전자보험은 운전자 개인에게 발생할 수 있는 법률적, 경제적 위험을 보장하는 역할을 한다. 특히 최근에는 다양한 특약들이 개발되고 보장 범위가 확대되면서, 변화하는 교통 환경과 법적 책임에 더욱 효과적으로 대응할 수 있게 되었다. 이러한 변화를 이해하고 적절하게 활용하는 것이 현명한 운전자보험 선택의 핵심이다.

운전자보험의 주요 특약과 최근 변화

 교통사고처리지원금 특약은 운전자보험의 핵심 특약으로, 교통사고로 인해 타인에게 중상해를 입히거나 사망사고가 발생했을 때 형사합의금을 지원하는 역할을 한다. 보장 한도는 초기 3천만 원 수준에서 현재 최대 2억 원까지 증가했으며, '교통사고처리지원금 비탑승중사고 보장' 특약이 추가되어 보행자 상태에서의 사고까지 보장범위가 확대되었다. 또한 신호위반, 중앙선 침범 등 12대 중과실로 인한 사고 시에도 보장이 가능해졌다.
 변호사 선임 비용 특약은 교통사고로 형사처벌을 받게 될 경우, 변호사를 선임하는 데 필요한 비용을 지원하는 특약이다. 최근에는 '변호사 선임비용 70% 보장' 특약 등이 등장하여 보장 비율이 높아졌으며, 보장 한도도 1천만 원에서 3천만 원까지 증가했다. 또한 음주운전이나 무면허 운전 등 일부 특수 상황에서도 선별적으로 보장하는 특약이 생겨

났다.

 벌금 보장 특약은 교통사고로 인해 법원에서 벌금형이 확정된 경우, 이를 지원하는 특약이다. 기존 2천만 원이었던 보장 한도가 음주운전 등 특정 사유에 따라 최대 3천만 원까지 확대되었으며, 스쿨존 사고나 음주측정 거부 등 특별한 상황에 대한 벌금 특약이 별도로 개발되고 있다.

 자동차부상치료비 특약은 교통사고로 인해 운전자 본인이 부상을 입었을 때 치료비를 지원하는 특약이다. 최근에는 1~14급까지의 상해 등급에 따라 보장 금액이 더욱 세분화되었으며, 최상위 등급(1급)의 경우 최대 1억 원까지 보장하는 상품이 등장했다. 또한 보행자 상태에서의 사고도 보장하는 특약이 추가되었다.

 교통사고처리지원금 공탁금 선지급 100% 특약은 최근 주목받고 있는 새로운 특약으로, 교통사고 후 형사합의가 이루어지지 않아 공탁금을 납부해야 할 경우, 이를 100% 선지급해주는 특약이다. 피해자가 합의를 거부하거나 연락이 닿지 않을 때 형사절차 진행을 위해 필요한 공탁금을 보험사가 먼저 지급함으로써, 경제적 부담 없이 신속한 형사절차 진행이 가능하다.

[운전자보험의 주요 특약과 최근 변화]

특약명	정당한 청구	허위·과장 청구
교통사고 처리지원금	형사합의금 지원	보장한도 2억 원, 비탑승 사고 포함
변호사선임비용	변호사 선임 비용 보장	보장비율 70%, 한도 3천만 원
벌금 보장	벌금형 확정 시 보장	스쿨존, 음주 사고 특화 보장
자동차부상치료비	본인 치료비 보장	1~14급 등급화, 1억 원 한도
공탁금 선지급	공탁금 선지급 100%	합의 거부 시 공탁 부담 감소

운전자보험 활용 전략

포괄적 위험 관리를 위해서는 단일 특약보다 여러 특약을 조합하여 포괄적인 위험 관리 체계를 구축하는 것이 중요하다. 교통사고처리지원금, 변호사선임비용, 벌금을 함께 가입하면 법적 책임에 대한 종합적 방어가 가능하며, 자동차부상치료비와 상해후유장해를 조합하면 신체적 손상에 대한 완전한 보장을 받을 수 있다. 또한 비탑승중사고 보장과 PM 사고 보장을 함께 가입하면 현대적 이동 수단 사용 시의 위험에도 대비할 수 있다.

교통 환경과 법규는 지속적으로 변화하고 있으므로, 3~5년 주기로 자신의 운전자보험을 리모델링하는 것이 좋다. 법규 변화나 물가 상승에 따라 보장 한도가 적절한지 확인하고, 비탑승중사고 보장, 공탁금 선지급 등 신규 특약을 고려하며, 자동차보험과의 중복 보장 항목을 확인하고 조정하는 것이 필요하다.

개인마다 운전 패턴, 생활 방식, 직업적 특성이 다르기 때문에, 자신의 상황에 맞는 맞춤형 보장을 설계하는 것이 중요하다. 장거리 운전자는 더 높은 보장 한도가 필요하며, 업무상 운전이 많은 경우 더 포괄적인 보장이 필요하다. 또한 PM, 자전거 등 다양한 이동 수단을 사용한다면 관련 특약을 추가하는 것이 좋다.

교통 관련 법규는 지속적으로 강화되는 추세이므로, 법률 변화에 선제적으로 대응하는 운전자보험 가입이 중요하다. 음주운전 처벌 강화로 인해 더 높은 벌금 보장이 필요할 수 있으며, 스쿨존 사고 가중 처벌에 대비한 관련 특약 가입을 고려해야 한다. 또한 PM 관련 법규 신설에 따른 새로운 이동 수단 관련 보장도 확인해야 한다.

주요 활용 사례

 교통사고처리지원금 특약의 경우, 신호위반으로 인해 보행자에게 중상해를 입히는 사고를 냈을 때, 합의금을 교통사고처리지원금 특약(2억 원)을 통해 충당할 수 있다. 이는 교통사고처리지원금의 보장 한도 증가가 실질적인 보호를 제공함을 보여준다.

 변호사선임비용 70% 보장 특약은 음주운전 사고로 형사기소되어 전문 변호사를 선임했을 때, 500만 원의 변호사 비용 중 350만 원을 보상받을 수 있게 해준다. 이는 높은 보장 비율의 변호사 선임 비용 특약이 법적 방어에 큰 도움이 될 수 있음을 보여준다.

 공탁금 선지급 100% 특약은 교통사고 후 피해자가 합의를 거부하여 형사절차 진행을 위해 3천만 원의 공탁금이 필요한 상황에서, 개인 자금을 동원하지 않고도 즉시 공탁금을 마련할 수 있게 해준다. 이는 공탁금 선지급 특약이 갑작스러운 고액 지출에 대한 부담을 크게 줄여줄 수 있음을 보여준다.

운전자보험은 단순히 자동차보험의 보조적 역할을 넘어, 변화하는 교통 환경과 법적 책임에 대응하는 필수적인 보호 장치로 진화하고 있다. 교통사고처리지원금의 한도 증가, 변호사선임비용 보장 비율 향상, 공탁금 선지급 100% 보장 등은 현대 사회의 복잡한 법적 환경에 더욱 효과적으로 대응할 수 있게 해준다. 또한 자동차부상치료비 특약의 세분화, 비탑승중사고 보장 특약의 추가 등은 다양한 이동 수단과 상황에서 발생할 수 있는 위험에 대한 포괄적 보호를 제공한다.

따라서 운전자라면 자신의 운전 패턴, 생활 방식, 경제적 상황을 고려하여 시대 흐름에 맞는 운전자보험으로 정기적으로 업그레이드하는 것이 중요하다.

일상생활배상책임보험, 분리 가입이 유리한 이유

"아이가 친구 스마트폰을 실수로 떨어뜨려서 액정이 나갔다."
"반려견이 산책 중에 이웃집 화분을 넘어뜨려 손해를 입혔다."
이러한 사고는 생각보다 일상에서 자주 발생하는 일이다. 그리고 이럴 때, 단순한 사과나 당황으로는 문제를 해결할 수 없다. 법적으로 손해배상 책임이 발생하는 상황이기 때문이다. 이때 경제적 부담을 대신 떠안아주는 안전장치가 바로 '일상생활배상책임보험'이다.

민법 제750조, 우리 모두에게 적용되는 법적 근거
일상생활배상책임보험의 법적 근거는 민법 제750조이다.

"고의 또는 과실로 타인에게 손해를 가한 자는 그 손해를 배상할 책임이 있다."

이 조항은 일부러가 아니더라도 부주의나 실수로 타인에게 피해를 준 경우에도 배상 책임이 발생한다는 내용을 담고 있다. 즉, 누구나 고의가 아닌 실수로도 법적 책임을 지게 될 수 있으며, 이에 대비할 필요가 있다.

가족형 하나만 가입해도 충분할까?
일상생활배상책임보험은 하나의 계약으로 가족 전체를 보장하는 가족형이 있고, 각자 개인이 따로 가입할 수 있는 개별형 특약도 존재한다. 많은 이들이 "가족형 하나면 충분하다"라고 생각하기 쉽지만, 실제로는 개별 특약으로 나눠 가입하는 것이 더 유리한 경우가 많다.
가족일상생활배상책임 특약 하나로도 자녀나 배우자가 일으킨 사고에 대한 보장이 가능하다는 점은 장점이다.

그러나 보험료 자체가 매우 저렴하고(월 수백 원~천 원 수준), 중복 가입하더라도 보장 한도는 나눠지는 것이 아니라 각 계약에서 각각 전액 보장받을 수 있다는 점이 중요하다. 예를 들어, 부부가 각각의 실손보험에 일상생활배상책임 특약을 포함시켰다면, 각자 1억 원 한도로 별도로 보장받을 수 있다. 반면, 가족형 특약 하나만 가입했다면 가족 전체가 하나의 보장 한도 내에서 보상을 받아야 하므로 보장 범위가 줄어들 수 있다.

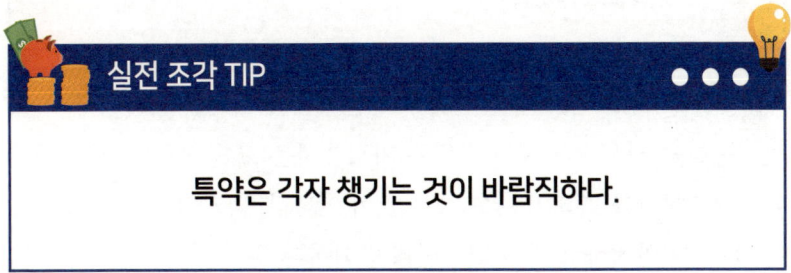

실전 조각 TIP

특약은 각자 챙기는 것이 바람직하다.

이러한 이유로, 특약을 마치 퍼즐 조각처럼 각자 하나씩 구성하는 방식이 현명한 보험 설계 방법이다. 실손보험, 운전자보험, 암보험 등 다양한 보험 상품에서 부가 특약으로 일상생활배상책임을 선택할 수 있으므로, 본인의 보험에 해당 특약이 포함되어 있는지 확인하고, 빠져 있다면 추가하는 것이 좋다.

특히 자녀가 있는 가정이라면, 아이의 보험에도 일상생활배상책임 특약을 별도로 추가하는 것이 권장된다. 요즘 아이들은 스마트기기나 자전거 등을 자주 사용하는 만큼, 친구나 이웃에게 예상치 못한 피해를 줄 가능성이 높다.

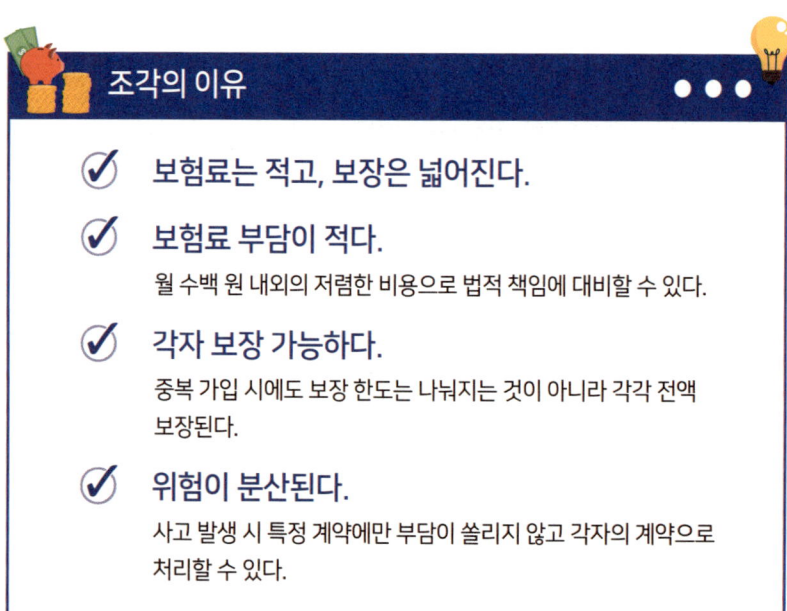

'일상생활배상책임보험'은 선택이 아닌 필수에 가까운 특약이다. 특히 반려동물을 키우거나 자녀가 있는 가정에서는 그 중요성이 더욱 커진다. 특약 하나를 가족이 나눠 쓰는 것이 아니라, 각자가 하나씩 보유하는 것이 더 안전하고 합리적인 설계 방식이다.

이러한 선택이야말로 『보험조각하기』가 강조하는 각자의 생활 방식과 위험 요소에 맞춰 특약을 조립해나가는 현명한 보험 설계의 첫걸음이라 할 수 있다.

수술비 특약: 현대 의료비 보장의 핵심 조각

수술비 특약은 현대 보험 설계에서 가장 기본적이면서도 중요한 보장 요소 중 하나이다. 갑작스러운 질병이나 사고로 인한 수술 시 경제적 부담을 완화해주는 필수적인 안전장치로서, 다양한 형태로 발전해왔다. 크게 종수술비, N대수술비, 질병/상해수술비로 구분되는 이 특약들은 각각 다른 보장 범위와 특성을 가지고 있어 자신의 상황에 맞는 선택이 중요하다.

수술비 특약의 기본 개념과 유형

수술비 특약은 피보험자가 보험 계약 기간 중 질병이나 상해로 인해 수술을 받게 될 경우, 약정된 보험금을 지급하는 특약이다. 일반적으로 주계약인 종신보험이나 정기보험, 또는 medical 계열 상품에 부가하여 가입하는 형태로 제공된다. 실제 발생한 의료비와 상관없이 정해진 금액을 보장받는 정액 보장 방식이 주를 이루며, 이는 실손의료보험과의 가장 큰 차이점으로 중복 보장이 가능하다는 장점을 갖는다.

현재 보험 시장에서 제공되는 수술비 특약은 크게 세 가지 유형으로 구분할 수 있다.

[수술비 특약 유형별 비교]

종수술비	수술의 난이도와 위험도에 따라 1종에서 5종까지 분류하여 차등적으로 보험금을 지급하는 방식
N대수술비	고액의 의료비가 발생하는 주요 수술(예: 5대, 8대, 12대 수술 등)에 대해서만 집중적으로 보장하는 방식
질병/상해수술비	수술의 원인이 질병인지 상해(사고)인지에 따라 구분하여 보장하는 방식으로, 일반적으로 모든 수술에 대해 동일한 금액을 보장

종수술비 특약의 특성과 구조

 종수술비 특약은 전통적인 형태의 수술비 보장 방식으로, 수술의 난이도와 위험도에 따라 1종에서 5종까지 분류하고 차등적으로 보험금을 지급한다.

 일반적으로 각 종별 분류는 다음과 같은 기준으로 이루어진다.

1종 수술	비교적 간단한 수술로, 피부양성종양 절제술, 단순 충치 치료 등이 포함
2종 수술	중간 정도의 난이도를 가진 수술로, 맹장 수술, 편도선 절제술 등이 해당
3종 수술	복잡한 수술로, 담낭 절제술, 갑상선 절제술 등이 포함
4종 수술	고난도 수술로, 위 절제술, 척추 수술 등이 해당
5종 수술	가장 위험하고 복잡한 수술로, 심장 판막 수술, 간 이식, 뇌종양 제거술 등이 포함

 보험금 지급은 일반적으로 기본 보장액(예: 1종 수술 기준 100만 원)을 기준으로 각 종별로 비례적으로 증가하는 구조를 가진다. 예를 들어, 1종은 100만 원, 2종은 200만 원, 3종은 300만 원, 4종은 400만원, 5종 은 500만 원과 같은 형태로 보장된다.

 종수술비 특약의 가장 큰 장점은 거의 모든 종류의 수술을 보장 범위에 포함한다는 점이다. 그러나 종별 분류가 복잡하고, 같은 수술이라도 보험사마다 분류 기준이 다를 수 있어 소비자 입장에서는 이해하기 어려운 측면이 있다. 또한, 최근 새롭게 개발된 수술 기법이나 신의료기술이 약관에 명시되어 있지 않은 경우, 보장 여부와 종별 분류에 대한

분쟁이 발생할 수 있다는 단점도 존재한다.

N대수술비 특약의 필요성과 특징

N대수술비 특약은 발생 빈도는 낮지만 고액의 의료비가 발생하는 주요 수술만을 선별하여 집중적으로 보장하는 특약이다. 보험사에 따라 5대, 8대, 12대 등 다양한 형태로 제공되며, 일반적으로 다음과 같은 수술들이 포함된다.

뇌수술	뇌종양 제거술, 뇌동맥류 수술 등
심장수술	관상동맥 우회술, 심장 판막 수술 등
폐수술	폐엽 절제술, 폐 이식 등
간수술	간 절제술, 간 이식 등
췌장수술	췌장 절제술, 췌장 이식 등
신장수술	신장 절제술, 신장 이식 등
대동맥수술	대동맥류 수술, 대동맥 치환술 등
척추수술	척추 고정술, 척추 융합술 등

N대수술비 특약의 필요성은 현대 의료 환경의 변화와 밀접하게 연관되어 있다.

첫째, 이러한 대형 수술들은 대부분 고액의 의료비가 발생하며, 일반수술비 특약만으로는 충분한 보장이 어려울 수 있다.

둘째, 의료 기술의 발전으로 이전에는 불가능했던 복잡한 수술들이 가능해지면서, 이러한 첨단 수술에 대한 특화된 보장의 필요성이 증가하고 있다.

특히 장기 이식, 심장 및 뇌 수술과 같은 고난도 수술은 의료비 부담뿐만 아니라 장기간의 회복 기간, 간병 비용, 소득 손실 등 추가적인 경제적 부담을 가져온다. N대수술비 특약은 이러한 상황에서 종수술비 특약보다 더 높은 금액을 보장함으로써, 실질적인 경제적 안전망을 제공한다. N대수술비 특약의 장점은 보장 내용이 명확하고 이해하기 쉽다는 점이다. 또한, 정말 필요한 고액 수술에 대해 집중적으로 높은 보장을 받을 수 있어 효율적인 보험 설계가 가능하다. 반면, 보장 범위에 포함되지 않은 수술에 대해서는 전혀 보장을 받지 못한다는 단점이 있다.

질병/상해수술비 특약의 구조와 활용

 질병/상해수술비 특약은 수술의 원인이 질병인지 상해(사고)인지에 따라 구분하여 보장하는 방식이다. 일반적으로 모든 수술에 대해 동일한 금액을 보장하는 '정액형' 구조를 가지며, 최근에는 소비자의 편의를 위해 이러한 방식이 점차 확대되는 추세이다.

 질병수술비와 상해수술비는 대개 별도의 특약으로 제공되지만, 일부 보험사에서는 이를 통합한 '질병상해수술비 특약'도 판매하고, 이는 원인에 관계없이 모든 수술에 대해 동일한 보장을 제공한다.

 질병수술비는 질병으로 인한 수술만을 보장하며, 일반적으로 계약일로부터 일정 기간(보통 90일) 이내에 발생한 수술은 보장하지 않는 면책 기간을 두고 있다. 반면, 상해수술비는 사고로 인한 수술만을 보장하지만, 계약 즉시 보장이 시작되는 특징이 있다.

 이러한 질병/상해수술비 특약의 가장 큰 장점은 간단하고 명확한 보장 구조로 소비자가 이해하기 쉽다는 점이다. 또한, 보험금 청구 과정이 종수술비 특약보다 단순하며, 보장 여부에 대한 분쟁 가능성이 낮다. 그러나 모든 수술에 대해 동일한 금액을 보장하기 때문에, 고난도 수술에 대한 보장이 상대적으로 부족할 수 있다는 단점이 있다.

신의료기술의 발전과 보험약관의 변화

 의료 기술은 빠르게 발전하고 있으며, 이에 따라 새로운 수술 기법과 치료법이 지속적으로 등장하고 있다. 로봇 수술, 레이저 치료, 내시경을 이용한 최소 침습적 수술, 방사선 정위적 수술(사이버나이프, 감마나이프) 등 전통적인 방식과는 다른 첨단 의료 기술들이 보편화되고 있다.

[주요 신의료기술의 예시 및 특징]

- 로봇 수술 ·············· 고정밀, 최소 절개, 고비용
- 내시경 수술 ············· 비침습적, 빠른 회복
- 감마나이프 ············· 절개 없음, 방사선 집중 조사
- 스텐트 삽입술 ··········· 혈관 내 시술, 절개 없음
- 체외 충격파 쇄석술 ······· 충격파 이용, 비수술적

 이러한 신의료기술의 발전은 수술비 특약의 약관에도 영향을 미치고 있다. 과거의 수술비 특약 약관은 전통적인 수술 방식을 기준으로 작성되어 있어, 새로운 의료 기술을 이용한 시술이 '수술'로 인정받을 수 있는지에 대한 논란이 많았다. 예를 들어, 피부를 절개하지 않는 방사선 치료나 혈관을 통한 스텐트 삽입술 등이 약관상 '수술'의 정의에 부합하는지에 대한 분쟁이 발생했다.

 이러한 문제를 해결하기 위해 최근의 보험약관은 '수술'의 정의를 보다 넓게 해석하는 방향으로 변화하고 있다. 많은 보험사들이 '신의료기술평가위원회'에서 인정한 신의료기술을 수술로 인정하는 조항을 약관에 포함시키고 있으며, 일부 특약에서는 특정 시술(예: 방사선 정위적

수술, 체외 충격파 쇄석술 등)을 명시적으로 수술로 인정하는 조항을 추가하고 있다.

그럼에도 불구하고, 신의료기술과 보험약관 사이의 간극은 여전히 존재한다. 새로운 의료 기술이 등장할 때마다 이를 기존 약관의 어떤 범주에 포함시킬지, 어떤 종별로 분류할지에 대한 논란이 발생할 수 있다. 이러한 상황에서 종수술비보다는 N대수술비나 질병/상해수술비와 같이 보장 구조가 단순한 특약이 신의료기술에 대한 보장 불확실성을 줄일 수 있다는 장점이 있다.

종수술비와 N대수술비의 필요성 분석

현대 의료 환경과 소비자의 니즈를 고려할 때, 종수술비와 N대수술비는 각각 다른 측면에서 중요한 역할을 한다.

[종수술비의 필요성]

✓ **포괄적 보장**
종수술비는 거의 모든 종류의 수술을 보장 범위에 포함하여, 예상치 못한 다양한 질병이나 상해에 대비할 수 있다.

✓ **차등적 보장**
수술의 난이도와 위험도에 따라 차등적으로 보험금을 지급함으로써, 의료비 부담이 큰 고난도 수술에 대해 더 많은 보장을 받을 수 있다.

✓ **중소형 수술 보장**
일상적으로 발생할 수 있는 중소형 수술(예: 맹장 수술, 탈장 수술 등)에 대한 보장도 포함되어 있어, 빈번하게 발생할 수 있는 의료비에 대비할 수 있다.

✓ **보장의 지속성**
의료 기술의 발전으로 새로운 수술 기법이 등장하더라도, 보험사의 해석에 따라 적절한 종별로 분류되어 보장받을 가능성이 있다.

[N대수술비의 필요성]

- ✅ **고액 의료비 집중 보장**
  N대수술은 대부분 고액의 의료비가 발생하는 수술로, 이에 대해 집중적으로 높은 금액을 보장받을 수 있다.

- ✅ **명확한 보장 구조**
  보장 대상 수술이 명확하게 정의되어 있어, 소비자가 이해하기 쉽고 보험금 청구 과정에서 분쟁 가능성이 낮다.

- ✅ **효율적인 보험 설계**
  발생 가능성은 낮지만 의료비 부담이 매우 큰 수술에 대해 집중적으로 보장함으로써, 보험료 대비 효율적인 보장을 구성할 수 있다.

- ✅ **심리적 안정감**
  뇌수술, 심장수술, 장기이식 등 생명과 직결된 중대한 수술에 대한 높은 보장은 심리적 안정감을 제공한다.

현대 의료 환경에서는 두 가지 특약을 적절히 조합하는 것이 이상적이다. 종수술비 특약을 통해 일반적인 수술에 대한 기본적인 보장을 마련하고, N대수술비 특약을 추가하여 고액의 의료비가 발생할 수 있는 중대 수술에 대한 추가적인 보장을 확보하는 방식이다. 이러한 조합을 통해 다양한 의료 상황에 대비한 포괄적인 보장 체계를 구축할 수 있다.

보험 설계 시 수술비 특약 선택 전략

효과적인 보험 설계를 위해서는 자신의 상황과 필요에 맞는 수술비 특약 조합을 선택하는 것이 중요하다. 다음은 상황별 권장 전략이다.

1. 기본적인 보장 구성

- **기본 보장**: 질병/상해수술비 특약 또는 종수술비 특약을 통해 모든 수술에 대한 기본적인 보장 마련
- **추가 보장**: N대수술비 특약을 추가하여 고액 의료비 발생 가능성이 높은 중대 수술에 대한 추가 보장 확보

2. 연령별 접근 방식

- **젊은층 (20~30대)**: 상해로 인한 수술 위험이 상대적으로 높으므로, 상해수술비와 기본적인 질병수술비 위주의 구성
- **중년층 (40~50대)**: 질병 발생 위험이 증가하는 시기로, 질병수술비와 N대수술비의 보장 강화
- **고령층 (60대 이상)**: 만성질환 및 중대 질병 위험이 높아지므로, 종수술비와 N대수술비의 균형 있는 구성

3. 가족력 및 개인 건강 상태 고려

- **심혈관계 질환 가족력**: 심장수술이 포함된 N대수술비 특약 강화
- **암 가족력**: 암 관련 수술이 많이 포함된 종수술비 특약과 함께 암수술비 특약 고려
- **만성질환 보유자**: 해당 질환의 합병증으로 인한 수술 위험을 고려한 특약 구성

4. 갱신형 vs 비갱신형 선택

갱신형 초기 보험료가 저렴하지만 갱신 시마다 보험료가 상승하는 구조로, 단기적인 보장이나 예산 제약이 있는 경우 적합

비갱신형 처음부터 보험료가 높게 책정되지만 보험 기간 내에는 보험료 변동이 없어, 장기적인 보장을 고려한다면 더 유리

5. 실손의료보험과의 조합

수술비 특약은 정액 보장 방식이므로 실손의료보험과 **중복 보장이 가능**

실손의료보험은 본인 부담 의료비를 보장하고,
수술비 특약은 추가적인 생활비, 간병비, 소득 손실 등을 보전하는 개념으로 활용

수술비 특약의 미래 전망

의료 기술의 발전과 건강보험 정책의 변화에 따라 수술비 특약도 계속해서 진화하고 있다. 향후 수술비 특약은 다음과 같은 방향으로 발전할 것으로 예상된다.

① 더욱 세분화된 보장 구조

현재의 종수술비, N대수술비, 질병/상해수술비 구분을 넘어, 더욱 세분화된 특약 구조가 등장할 가능성이 높다. 예를 들어, 특정 질환군(심혈관계, 뇌신경계, 소화기계 등)에 특화된 수술비 특약이나, 특정 연령대에 흔한 수술에 초점을 맞춘 특약 등이 개발될 수 있다.

② 신의료기술에 대한 적극적 보장

보험사들은 로봇 수술, 레이저 치료, 방사선 정위적 수술 등 신의료기술을

적극적으로 보장 범위에 포함시키는 방향으로 약관을 개선할 것으로 예상된다. 이는 소비자의 니즈를 반영할 뿐만 아니라, 분쟁 가능성을 줄이는 효과도 있다.

③ 디지털 헬스케어와의 연계
웨어러블 기기, 건강 앱 등 디지털 헬스케어 솔루션과 연계된 수술비 특약이 증가할 것으로 보인다. 예를 들어, 건강 관리 활동에 따라 보험료 할인이나 추가 보장을 제공하는 방식의 특약이 확대될 수 있다.

④ 예방적 수술에 대한 보장 확대
현재 대부분의 수술비 특약은 질병이나 상해의 치료를 직접 목적으로 하는 수술만을 보장한다. 그러나 향후에는 유전자 검사 결과에 따른 예방적 수술(예: BRCA 유전자 변이가 있는 경우의 예방적 유방 절제술)이나 조기 개입 시술에 대한 보장도 확대될 가능성이 있다.

⑤ 개인맞춤형 보장 확대
AI와 빅데이터를 활용한 개인별 건강 리스크 평가를 기반으로, 각 개인에게 가장 필요한 수술비 보장을 제공하는 맞춤형 특약이 등장할 것으로 예상된다.

수술비 특약은 현대 의료 환경에서 개인의 건강과 재정을 보호하는 중요한 보험 조각이다. 종수술비, N대수술비, 질병/상해수술비 등 다양한 형태의 특약들은 각각의 장단점을 가지고 있어, 이를 균형 있게 조합하는 것이 이상적인 보험 설계의 핵심이다.

종수술비는 포괄적이고 차등적인 보장을 제공하지만 복잡한 구조가 단점이며, N대수술비는 고액 의료비에 대한 집중적인 보장이 장점이지만 보장 범위가 제한적이다. 질병/상해수술비는 간단하고 명확한 구조가 장점이지만 모든 수술에 대해 동일한 금액을 보장하는 한계가 있다.

 이러한 다양한 특약들을 개인의 연령, 건강 상태, 가족력, 경제적 상황 등을 고려하여 적절히 조합함으로써, 갑작스러운 수술로 인한 경제적 부담을 효과적으로 대비할 수 있다. 또한, 빠르게 발전하는 의료 기술과 변화하는 보험 환경을 주시하며, 자신의 보험 보장 내용을 정기적으로 점검하고 필요에 따라 조정하는 것이 중요하다.

 결국, 수술비 특약은 단순한 보험 상품을 넘어, 개인의 건강과 삶의 질을 지키는 중요한 안전망으로서의 역할을 수행하고 있으며, 이에 대한 이해와 현명한 선택이 현대 사회에서 더욱 중요해지고 있다.

간병보험 조각하기:
현대 장기요양 시대의 필수 보장

급속한 고령화와 만성질환 증가로 인해 한국 사회에서 간병의 중요성은 날로 커지고 있다. 65세 이상 노인 인구가 전체 인구의 20%를 넘어서면서 '초고령 사회'로 진입을 앞둔 현재, 간병은 더 이상 일부 가정의 문제가 아닌 사회적 과제로 대두되고 있다. 이러한 상황에서 간병보험은 노후를 대비하는 중요한 금융 솔루션으로 자리 잡고 있다. 간병보험의 필요성과 다양한 유형을 살펴보고, 효과적인 간병보험 설계 방법을 알아보자.

간병보험의 필요성

고령화 사회와 간병 수요의 증가

우리나라는 세계에서 가장 빠른 속도로 고령화가 진행되고 있다. 통계청 자료에 따르면, 2025년에는 노인 인구 비율이 20%를 넘어 초고령 사회에 진입할 것으로 예상된다. 고령 인구 증가와 함께 치매, 파킨슨병, 뇌졸중 등 장기 요양이 필요한 질환의 유병률도 증가하고 있다. 특히 치매 환자는 2020년 약 84만 명에서 2050년에는 300만 명을 넘어설 것으로 전망된다.

이처럼 간병이 필요한 인구는 지속적으로 증가하고 있지만, 핵가족화와 1인 가구 증가, 여성의 경제활동 참여 확대 등으로 인해 가족 내에서 간병을 담당할 수 있는 여건은 오히려 감소하고 있다. 이러한 사회적 변화는 전문적인 간병 서비스에 대한 수요를 크게 증가시키고 있다.

장기요양 비용의 경제적 부담

간병은 단기간에 끝나는 것이 아니라 수개월에서 수년까지 장기간 지속되는 경우가 많다. 이에 따른 경제적 부담도 상당하다. 국민건강보험공단의 자료에 따르면, 65세 이상 노인 1인당 연평균 의료비는 일반 성인의 약 3배에 달하며, 여기에 간병비까지 더하면 그 부담은 더욱 커진다.

2023년 기준으로 전문 간병인을 고용할 경우, 월 평균 250~300만 원 정도의 비용이 발생한다. 요양병원을 이용하는 경우에도 월 150~250만 원 정도의 비용이 필요하다. 장기요양보험제도가 있지만, 등급을 받더라도 본인부담금이 15~20%이며, 비급여 항목까지 포함하면 상당한 본인 부담이 발생한다.

예를 들어, 치매 진단을 받은 70대 노인이 요양원에 입소하게 된 경우를 생각해보자. 장기요양 2등급을 받았다고 가정하면, 요양원 비용 중 일부만 공단에서 지원하고 나머지는 본인이 부담해야 한다. 또한 기저귀, 특별식 등 비급여 항목은 전액 본인이 부담해야 하므로, 매월 최소 80만 원 이상의 비용이 발생한다. 이러한 상태가 5년간 지속된다면, 총 4,800만 원 이상의 비용이 필요하다.

공적 제도의 한계와 간병보험의 역할

2008년 도입된 노인장기요양보험은 노인 간병에 대한 국가적 지원 제도이지만, 여전히 많은 한계가 있다. 우선 수급 자격이 엄격하여 실제 등급을 받는 비율이 낮고, 등급을 받더라도 본인부담금과 비급여 항목으로 인한 부담이 크다. 또한 재가 서비스의 경우 하루 3~4시간 정도의 서비스만 제공되어 24시간 간병이 필요한 상황에서는 크게 부족하다.

이러한 공적 제도의 한계를 보완하는 것이 바로 간병보험의 역할이다. 간병보험은 장기요양이 필요한 상황에서 발생하는 추가 비용을 보전하고, 다양한 형태의 간병 서비스를 이용할 수 있는 선택권을 제공한다. 간병보험이 있다면 경제적 부담 없이 질 높은 간병 서비스를 이용할 수 있으며, 가족의 간병 부담도 크게 줄일 수 있다.

간병보험의 주요 유형

간병보험은 크게 공적 장기요양보험에서 인정하는 등급을 기준으로 보험금을 지급하는 '장기요양등급형'과 일상생활 장애 정도를 기준으로 하는 'ADL(Activities of Daily Living)형'으로 나눌 수 있다. 최근에는 이러한 기본 구조에 더해 다양한 특약을 통해 맞춤형 보장을 제공하는 추세이다. 주요 간병보험 유형을 살펴보자.

간병인 지원 보험

간병인 지원 보험은 피보험자가 장기요양상태가 되었을 때, 전문 간병인 서비스를 이용할 수 있도록 지원하는 보험이다. 크게 두 가지 형태로 제공된다.

첫째는 간병인 비용을 직접 지급하는 방식으로, 보험사가 지정한 간병인 서비스 회사를 통해 직접 간병인을 파견해주는 형태이다.

둘째는 간병인 이용 비용을 현금으로 보상해주는 방식이다.

예를 들어, A씨는 간병인 지원 특약이 포함된 간병보험에 가입했다. 몇 년 후 뇌졸중으로 인해 장기요양 3등급 판정을 받게 되었고, 이에 따라 보험에서 제공하는 간병인 서비스를 이용할 수 있게 되었다. 보험 약관에 따라 하루 4시간씩 전문 간병인 서비스를 받을 수 있었으며, 이로 인해 A씨의 배우자는 본인의 직장 생활을 포기하지 않고도 A씨를 돌볼 수 있었다.

간병인 지원 보험의 장점은 간병인 서비스를 직접 제공받거나 비용을 보전받을 수 있어 실질적인 도움이 된다는 점이다. 또한 가족의 간병 부담을 크게 줄여 가족 간병으로 인한 경제적, 심리적 부담을 완화할 수 있다. 다만, 보장 기간이 제한적인 경우가 많고, 서비스 지역이 한정되어 있을 수 있다는 단점이 있다.

재가급여 지원 특약

재가급여 지원 특약은 공적 장기요양보험의 재가급여 서비스를 이용할 때 발생하는 본인부담금을 보전해주는 특약이다. 재가급여란 장기요양 등급자가 시설에 입소하지 않고 집에서 생활하면서 받는 서비스로, 방문요양, 방문목욕, 방문간호, 주야간보호, 단기보호 등이 포함된다.

예를 들어, B씨는 파킨슨병으로 장기요양 4등급을 받았다. 아직 거동이 가능하고 가족과 함께 살기를 원해 요양원 입소 대신 재가서비스를 선택했다. B씨는 일주일에 3회 방문요양 서비스와 1회 방문목욕 서비스를 이용하고 있으며, 이에 대한 본인부담금은 월 약 20만 원 정도 발생한다. B씨가 가입한 간병보험의 재가급여 지원 특약에서는 이러한 본인부담금을 보전해주므로, 추가 비용 부담 없이 재가서비스를 이용할 수 있다.

재가급여 지원 특약의 장점은 자택에서 생활하면서 필요한 서비스를 이용할 수 있도록 경제적 지원을 제공한다는 점이다. 많은 노인들이 요양시설 입소보다는 익숙한 자택에서의 생활을 선호하므로, 이러한 욕구를 충족시킬 수 있다. 또한 비교적 저렴한 보험료로 실질적인 보장을 받을 수 있다는 장점이 있다. 다만, 공적 장기요양보험의 재가급여 서비스 범위와 시간이 제한적이라는 한계가 있다.

간호간병통합서비스 특약

 간호간병통합서비스란 국민건강보험에서 시행하는 제도로, 간호사, 간호조무사, 간병지원인력이 팀을 이루어 입원 환자에게 포괄적인 간호와 간병 서비스를 제공하는 것이다. 기존에는 입원 시 간병인을 별도로 고용해야 했지만, 이 서비스를 통해 추가 간병인 없이 병원 내에서 필요한 간호와 간병을 받을 수 있다.

 간호간병통합서비스 특약은 이러한 서비스를 이용할 때 발생하는 본인부담금을 보전해주거나, 해당 서비스가 제공되지 않는 병원 입원 시 간병인 비용을 지원하는 특약이다.

 예를 들어, C씨는 심한 폐렴으로 3주간 입원 치료가 필요했다. C씨가 입원한 병원은 간호간병통합서비스를 제공하고 있어, 별도의 간병인을 고용하지 않고도 필요한 간호와 간병을 받을 수 있었다. 이에 대한 본인부담금은 일반 병실보다 약간 높은 수준이었지만, C씨가 가입한 간병보험의 간호간병통합서비스 특약에서 이 비용을 보전해주었다.

 간호간병통합서비스 특약의 장점은 입원 기간 동안 별도의 간병인 고용 없이도 필요한 서비스를 받을 수 있도록 지원한다는 점이다. 이는 단기 입원 시 발생할 수 있는 간병 부담을 크게 줄여준다. 다만, 아직 간호간병통합서비스를 제공하는 병원이 제한적이며, 중증 환자나 특별한 케어가 필요한 환자에게는 충분한 서비스가 제공되지 않을 수 있다는 한계가 있다.

간병보험 선택과 설계 시 고려사항

개인 상황에 맞는 간병보험 조각하기

간병보험을 선택할 때는 개인의 상황과 필요에 맞게 다양한 특약을 조합하는 '조각하기' 전략이 중요하다. 나이, 건강 상태, 가족 구성, 경제적 상황 등을 고려하여 맞춤형 보장을 설계해야 한다.

예를 들어, 40대 초반의 외벌이 가장이라면, 상대적으로 저렴한 보험료로 기본적인 간병보험에 가입하고, 점진적으로 보장을 강화하는 전략이 좋다. 반면, 60대 은퇴자라면 더 두터운 보장을 제공하는 상품을 선택하는 것이 중요하다. 또한 1인 가구라면 간병인 지원 특약이 더 중요할 수 있고, 배우자와 함께 사는 노인이라면 재가급여 지원 특약이 더 유용할 수 있다.

보장 조건 및 범위 확인

간병보험을 선택할 때는 보장 조건과 범위를 꼼꼼히 확인하는 것이 중요하다. 주요 체크 포인트는 다음과 같다.

- ☑ **보험금 지급 기준**
  장기요양등급 기준인지, ADL 기준인지 확인하고, 어떤 등급부터 보장받을 수 있는지 확인한다.

- ☑ **보장 기간**
  보험금이 일시금으로 지급되는지, 연금 형태로 지급되는지, 후자라면 몇 년간 지급되는지 확인한다.

- ✅ **면책 기간**
  대부분의 간병보험은 가입 후 일정 기간(보통 90일) 이내에 발생한 사고나 질병으로 인한 장기요양상태는 보장하지 않는다.

- ✅ **대기 기간**
  장기요양상태가 되더라도 일정 기간(보통 90일) 이상 지속되어야 보험금이 지급되는 경우가 많다.

- ✅ **갱신 조건**
  갱신형 상품의 경우, 갱신 시 보험료 인상 가능성과 최대 갱신 나이를 확인한다.

비용 대비 효율성 고려

간병보험은 일반적으로 고연령일수록 보험료가 급격히 상승한다. 따라서 가능한 일찍 가입하는 것이 비용 효율적이다. 다만, 너무 일찍 가입하면 실제 필요 시점까지 오랜 기간 보험료를 납부해야 하므로, 자신의 경제 상황을 고려하여 적절한 가입 시기를 결정해야 한다.

또한 모든 특약을 한 번에 가입하기보다, 생애 주기와 필요에 따라 단계적으로 보장을 강화하는 전략이 효과적일 수 있다. 예를 들어, 40대에는 기본적인 장기요양보험금 보장만 설계하고, 50대에 간병인 지원 특약을, 60대에 재가급여 지원 특약을 추가하는 방식이다.

간병보험은 더 이상 선택이 아닌 필수적인 노후 준비 수단이 되고 있다. 고령화 사회에서 간병은 누구에게나 찾아올 수 있는 문제이며, 이에 대한 경제적, 심리적 부담은 개인과 가족에게 매우 크기 때문이다.

효과적인 간병보험 설계를 위해서는 자신의 상황과 필요에 맞는 다양한 특약들을 조합하는 '조각하기' 전략이 중요하다. 간병인 지원 보험, 재가급여 지원 특약, 간호간병통합서비스 특약 등 다양한 옵션을 자신의 상황에 맞게 선택하고 조합함으로써, 미래의 간병 필요 상황에 대비할 수 있다.

 간병보험은 단순한 보험 상품을 넘어, 존엄한 노후 생활과 가족의 부담 경감을 위한 중요한 사회적 안전망이다. 미래의 불확실성에 대비하고, 자신과 가족의 삶의 질을 지키기 위한 현명한 선택으로, 간병보험 조각하기에 관심을 기울일 필요가 있다.

입원일당특약으로 보험조각하기: 실질적인 보험혜택의 새로운 접근법

 보험상품을 선택할 때 많은 사람들이 수술비와 진단비에 집중하는 경향이 있다. 하지만 최근 상급종합병원의 1인실, 2-3인실 입원일당 특약이 새롭게 등장하면서 보험 설계의 패러다임이 변화하고 있다. 이러한 입원일당 특약은 기존의 보험 설계 방식에서 벗어나 실제 입원 상황에서 더 많은 혜택을 누릴 수 있는 방안을 제시하고 있다.

입원일당특약의 이해와 중요성

 입원일당특약은 피보험자가 질병이나 상해로 인해 병원에 입원할 경우, 입원 일수에 따라 정해진 금액을 지급하는 보험 특약이다.
 전통적인 입원일당은 입원 기간에 따라 일정액을 지급하는 단순한 구조였지만, 최근에는 병원 종류와 병실 형태에 따라 차등화된 보장을 제공하는 특약이 등장하고 있다.

상급종합병원 입원일당특약은 일반 병원보다 높은 수준의 의료 서비스를 제공하는 상급종합병원에 입원할 경우, 추가적인 보장을 제공한다. 또한 1인실, 2-3인실 등 병실 등급에 따라 차등화된 입원일당을 지급하는 특약도 있어 실제 입원 상황에서 발생하는 다양한 비용을 효과적으로 보장받을 수 있다.

기존 보험 설계의 한계점

기존의 보험 설계는 주로 수술비와 진단비에 중점을 두었다. 중대 질병 진단 시 고액의 진단비를 지급받거나, 수술 시 정해진 수술비를 지급받는 방식이었다. 이런 방식은 큰 질병이나 수술에 대비하기에는 적합하지만, 다음과 같은 한계점이 있다.

기존 보험 설계의 한계

- ✓ 단기 입원이나 경미한 질병에는 혜택이 제한적이다.
- ✓ 고급 병실 이용에 따른 추가 비용을 보장하지 못한다.
- ✓ 상급종합병원 이용 시 발생하는 추가 비용을 고려하지 않는다.
- ✓ 실제 의료비 지출 패턴과 불일치하는 경우가 많다.

이러한 한계점을 보완하기 위해 입원일당특약, 특히 상급종합병원 및 병실 등급별 입원일당특약이 주목받고 있다.

상급종합병원 입원일당특약의 장점

상급종합병원 입원일당특약은 다음과 같은 장점을 가지고 있다.

① 실질적인 의료비 보장

상급종합병원은 일반 병원보다 진료비가 높은 경향이 있다. 상급종합병원 입원일당특약은 이러한 추가 비용을 보장함으로써 실질적인 의료비 부담을 줄여준다.

일반적으로 상급종합병원 입원일당은 일반 병원 입원일당의 2배 정도 높게 설정되어 있어 실제 의료비 차이를 효과적으로 보장한다.

② 병실 등급에 따른 맞춤형 보장

1인실, 2-3인실 등 병실 등급에 따라 차등화된 입원일당을 지급함으로써 실제 병실 이용에 따른 추가 비용을 효과적으로 보장한다. 일반적으로 1인실 입원일당은 다인실 입원일당보다 1.5~2배 정도 높게 설정되어 있어 병실 등급에 따른 비용 차이를 합리적으로 보장한다.

③ 유연한 보험금 사용

입원일당으로 지급되는 보험금은 용도에 제한 없이 자유롭게 사용할 수 있다. 공식적인 의료비뿐만 아니라 간병인 비용, 식사 비용, 교통비 등 입원 중 발생하는 다양한 추가 비용에 활용할 수 있어 실질적인 경제적 부담을 줄일 수 있다.

④ 중복 보장의 가능성

입원일당특약은 실손의료보험과 달리 중복 가입이 가능하다. 여러 보험에 가입되어 있다면, 각 보험에서 보장하는 입원일당을 모두 받을 수 있어 충분한 보장을 받을 수 있다.

입원일당특약을 활용한 효과적인 보험 설계 방안

입원일당특약을 중심으로 한 효과적인 보험 설계 방안은 다음과 같다.

① 기본 보장과 특화 보장의 조합

기본적인 입원일당 특약과 함께 상급종합병원 입원일당, 1인실/2-3인실 입원일당 등 특화된 특약을 조합함으로써 다양한 입원 상황에 대비할 수 있다. 예를 들어, 기본 입원일당 3만 원, 상급종합병원 입원 시 추가 3만 원, 1인실 이용 시 추가 2만 원 등의 구조로 설계하면 상급종합병원 1인실 입원 시 일당 8만 원의 보장을 받을 수 있다.

② 입원 관련 특약의 통합적 접근

입원일당특약과 함께 입원 관련 다양한 특약을 통합적으로 고려해야 한다. 중환자실 입원일당, 응급실 내원일당, 골절 입원일당 등 다양한 입원 관련 특약을 함께 설계함으로써 포괄적인 보장을 받을 수 있다.

③ 실제 의료비 지출 패턴 고려

자신의 건강 상태, 선호하는 병원, 병실 등을 고려하여 실제 의료비 지출 패턴에 맞는 입원일당특약을 선택해야 한다. 예를 들어, 지방 거주자가 서울의 상급종합병원을 이용할 가능성이 높다면 상급종합병원 입원일당특약을 강화하는 것이 효과적이다.

④ 실손의료보험과의 조합

입원일당특약은 실손의료보험과 함께 가입할 경우 시너지 효과를 낼 수 있다. 실손의료보험은 실제 발생한 의료비를 보장하고, 입원일당특약은 추가적인 현금 보장을 제공함으로써 종합적인 보장을 받을 수 있다.

실제 사례로 보는 입원일당특약의 효과

사례 1: 상급종합병원 1인실 입원

A씨(45세, 남)는 심장 질환으로 서울의 한 상급종합병원 1인실에 10일간 입원했다. A씨는 다음과 같은 보험에 가입되어 있었다.

> 기본 입원일당: 3만 원/일
> 상급종합병원 입원일당: 3만 원/일
> 1인실 입원일당: 2만 원/일

A씨는 10일 입원으로 기본 입원일당 30만 원, 상급종합병원 입원일당 30만 원, 1인실 입원일당 20만 원, 총 80만 원의 보험금을 받았다. 이는 실손의료보험에서 보장하지 않는 병실료 차액과 기타 추가 비용을 충당하는 데 큰 도움이 되었다.

사례 2: 중대 질병 장기 입원

B씨(50세, 여)는 암 진단 후 항암치료를 위해 상급종합병원 2인실에 30일간 입원했다. B씨는 다음과 같은 보험에 가입되어 있었다.

> 기본 입원일당: 5만 원/일
> 상급종합병원 입원일당: 5만 원/일
> 2-3인실 입원일당: 1만 원/일
> 암 진단 시 입원일당 2배 보장

> B씨는 30일 입원으로 기본 입원일당 300만 원, 상급종합병원 입원일당 300만 원, 2-3인실 입원일당 60만 원에 암 진단으로 인한 2배 보장을 적용받아 총 1,320만 원의 보험금을 받았다. 이는 장기 입원으로 인한 경제적 부담을 크게 줄여주었다.

입원일당특약 선택 시 고려사항

입원일당특약을 선택할 때는 다음과 같은 사항을 고려해야 한다.

① 보장 금액과 보험료의 균형

높은 입원일당은 더 많은 보장을 제공하지만, 그만큼 보험료도 높아진다. 자신의 경제적 상황과 필요한 보장 수준을 고려하여 적절한 균형점을 찾아야 한다.

② 보장 기간과 횟수 제한

대부분의 입원일당특약은 1회 입원당 최대 보장 일수(예: 180일)와 연간 보장 횟수에 제한이 있다. 이러한 제한 사항을 확인하고, 자신의 건강 상태에 맞는 특약을 선택해야 한다.

③ 면책 기간과 대기 기간

일부 입원일당특약은 계약 후 일정 기간(예: 90일) 동안 보장하지 않는 면책 기간이나 대기 기간이 있다. 이러한 조건을 확인하고, 필요한 경우 면책 기간이 짧거나 없는 상품을 선택하는 것이 좋다.

④ 갱신형 vs 비갱신형

 갱신형 특약은 일정 기간마다 보험료가 갱신되어 나이가 들수록 보험료가 크게 증가할 수 있다. 반면, 비갱신형 특약은 보험료가 일정하게 유지되지만 초기 보험료가 높은 편이다. 장기적인 보장 계획과 예산을 고려하여 적절한 유형을 선택해야 한다.

 입원일당특약, 특히 상급종합병원 및 병실 등급별 입원일당특약은 기존의 진단비, 수술비 중심 보험 설계에서 벗어나 실제 입원 상황에서 더 많은 혜택을 누릴 수 있는 새로운 방안이다.
 다양한 입원 상황에 맞게 차등화된 보장을 제공함으로써 실질적인 의료비 부담을 줄이고, 더 나은 의료 서비스를 이용할 수 있는 경제적 여력을 제공한다.
 현대 의료 환경에서는 상급종합병원 이용이 증가하고, 1인실, 2-3인실 등 편안한 병실에 대한 수요가 높아지고 있다. 이러한 추세에 맞춰 입원일당특약을 활용한 보험 설계는 실제 의료비 지출 패턴과 일치하는 효과적인 보장 방안이 될 수 있다.

입원일당특약은 단독으로도 효과적이지만, 실손의료보험, 진단비, 수술비 등 다른 보장과 조합하여 종합적인 보험 포트폴리오를 구성할 때 더욱 큰 효과를 발휘한다. 자신의 건강 상태, 경제적 상황, 선호하는 의료 서비스 등을 종합적으로 고려하여 최적의 입원일당특약 조합을 찾는 것이 중요하다.

결론적으로, 입원일당특약으로 보험을 조각하는 방식은 실제 의료비 지출 패턴에 맞는 효과적인 보장을 제공함으로써 질병이나 상해로 인한 경제적 부담을 줄이고, 더 나은 의료 서비스를 이용할 수 있는 기회를 제공하는 현명한 선택이다.